"Caval" à Saint-Guénolé

Cet ouvrage de pure fiction n'a d'autre ambition que de distraire le lecteur. Les événements relatés ainsi que les propos, les sentiments et les comportements des divers protagonistes n'ont aucun lien, ni de près, ni de loin, avec la réalité, et ont été imaginés de toutes pièces pour les besoins de l'intrigue. Toute ressemblance avec des personnes ou des situations existant ou ayant existé serait pure coïncidence.

ENQUÊTES & SUSPENSE

Aux Éditions Alain Bargain

Dans la collection
ENQUÊTES ET SUSPENSE :

Annie Le Coz
- Les Maudits de Kérogan
- Plumes sèches à Beg-Meil
- Quimper sonne les cloches
- "Caval" à Saint-Guénolé

Françoise Le Mer
- Colin-maillard à Ouessant
- La Lame du Tarot
- Le Faucheur du Menez-Hom
- L'Oiseau noir de Plogonnec
- Blues Bigouden *à l'Île-Chevalier*
- Les Santons de Granite rose
- Les Ombres de Morgat
- Le Mulon rouge de Guérande

Chaix d'Est-Ange
- La filière d'Arradon
- La petite dame de Locminé
- Ratissage dans le golfe
- L'Écluse de Malestroit
- Copie conforme à Larmor-Baden
- Les Truands de Saint-Goustan
- Coup de barre à Étel

Michèle Corfdir
- Le Crabe
- Mortel Hiver sur le Trieux
- Chasse à corps à Bréhat
- Larmes de fond ou le retour du crabe
- Vent contraire à Loguivy-de-la-Mer
- Herbes amères à Belle-Isle-en-Terre

Gisèle Guillo
- Dernier rendez-vous à Vannes
- Du Léman au Morbihan
- Tempête à Quiberon
- La Belle de Carnac
- Le Saigneur de Quimper

Solenn Colléter
- Lettres de sang sur la Côte Sauvage

Anne-Soizic Loirat
- Lorient l'interdite

Martine Le Pensec
- Onde de choc sur Fermanville
- Angoisse sur Penmarc'h

Alex Nicol
- Mystères en Finistère

Philippe-Michel Dillies
- Meurtres à Monnaie
- Chasse à Tours
- Train d'enfer à Saint-Pierre-des-Corps
- Les roses noires de Chartres

Serge Le Gall
- La secte de l'Aven
- Sables mouvants à Bénodet
- La Douarneniste et le Commissaire
- Corps-mort à l'Île-de-Batz
- Traque noire à Audierne
- Fugue mortelle en RÉ

Bernard Morin
- Trahison à Guerlédan

Jean-Pierre Bathany
- Camaret au Vitriol
- Double Je Nantais

Patrick Bent
- Erquy profite le crime
- Le macchabée du Val-André
- Saint-Cast priez pour eux !

Firmin Le Bourhis
- La neige venait de l'Ouest *(épuisé)*
- Les Disparues de Quimperlé
- La Belle Scaëroise
- Étape à Plouay
- Lanterne rouge à Châteauneuf-du-Faou
- Coup de tabac à Morlaix
- Échec et tag à Clohars-Carnoët
- Peinture brûlante à Pontivy
- En Rade à Brest
- Drôle de chantier à Saint-Nazaire

Christophe Chaplais
- Pâté de Corbeau aux amandes amères
- Le calisson jusqu'à la lie
- Farz aux herbes de Portsall
- Addition salée au Croisic

Jean-Jacques Gourvenec
- Chasse au congre à Lannilis
- Scénario macabre à Saint-Pabu

Aux Éditions Alain Bargain

Dans la collection
ENQUÊTES ET SUSPENSE :

Marie-Françoise Marchal
- Frissons en Morbihan *(épuisé)*

Jacques Caouder
- L'Occise des Landes
- L'Évadée de Brennilis
- Le Mort de Brest-Les Abers
- La Troménie noire
- Rumeurs mortelles à St-Renan

Patrice Rousseau
- Le faussaire de Pont-l'Abbé

Stéphane Jaffrézic
- Chili-Concarneau
- Ville bleue et beaux dégâts

Jean-Pierre Le Marc
- Matin rouge au Guilvinec
- Soirées noires à Penmarc'h
- Double vie à Loctudy
- Signes de sang à Lesconil

Cédric Labb
- Les Démons du Midi
- Les Muses de Savoie

Jérôme Lucereau
- Anévrisme
- Chef-d'œuvre meurtrier à Lorient
- L'affaire Callac *(épuisé)*

René Le Clech
- Baston chez les voileux

Jean-Luc Le Pache
- Bréhat-culpa *(épuisé)*

Philippe Lepeuple
- Samba ni loi en pays nantais
- Poulets de Brest *La mauvaise farce (épuisé)*

Bruno Ségalotti
- Filouteries en Côtes-d'Armor
- La Phalange de l'Argoat
- Breizh Connection

Yves Horeau
- Une retraite pas très spirituelle

Luc Calvez
- Le fils du Tigre
- Les Graffeurs du Ponant

Michel Renouard
- La Java des voyous
- Les castrats de Bombay
- Requiem sur le campus
- Le bouillon de minuit
- La farine du Diable
- La Vénus de Malifeu

Jean-Christophe Pinpin
- Qui voit Groix voit sa croix
- Qui voit Sein voit sa fin
- Qui voit Ouessant voit son sang
- Qui voit Belle-Ile voit son île
- Qui voit Molène voit sa peine
- Toulouse au bout du siècle
- Traque à Hoëdic *(épuisé)*

Aux Éditions Alain Bargain

Dans la collection ***POL'ART :***

Serge Le Gall
- Sombre dessein à Pont-Aven
- Meurtres du côté de chez Proust
- Eaux-fortes à Sainte-Marine

Loïc Gourvennec
- Le râle du basson

Yves Horeau
- Monsieur Butterfly

Renée Bonneau
- Nature morte à Giverny *(épuisé)*
- Séquence fatale à Dinard *(épuisé)*
- Sanguine sur la Butte

Stéphane Jaffrézic
- Toiles de fond à Concarneau

Annie LE COZ

"Caval" à Saint-Guénolé

Collection

ENQUÊTES & SUSPENSE

Quadri Signe - Editions Alain Bargain
125, Vieille Route de Rosporden - 29000 Quimper
E-mail : editions.alain.bargain@wanadoo.fr
Site Internet : perso.wanadoo.fr/editions.bargain

À François.

I

Légèrement à l'écart, le "Nérée" se balançait paresseusement au gré de la houle. La matinée était bien avancée et, contrairement à ce qui s'était passé sur d'autres bateaux, personne n'était apparu sur son pont de couleur ivoire. Seuls, quelques oiseaux de mer y avaient mis les pattes, le temps d'une pause. Justement parce que rien ne bougeait à bord.

Jolie et puissante vedette dont le nom brillait au soleil, le Nérée avait une coque blanche ornée d'une bande bleu turquoise. Et sur le plat-bord arrière, une tache rouge brun.

*

Cela faisait quelques semaines qu'il avait obtenu sa promotion de capitaine de police. Mais, hormis le grade et l'augmentation de salaire qui en découlait, peu de chose avait changé dans la vie de François Paoli, n'était-ce sa voiture. En effet, depuis une dizaine de jours, il roulait au volant d'une Audi A4 neuve, plus confortable et surtout plus spacieuse que son ancien coupé 206 Peugeot. De sa dernière affaire qui s'était achevée alors que le printemps s'annonçait*, le capitaine Paoli avait

*Voir *Quimper sonne les cloches*, même auteur, même collection.

gardé une certaine lassitude dont il avait du mal à se libérer. Cela se lisait dans son regard ténébreux, fréquemment absent, et son visage amaigri.

Ce matin-là, il venait de finir un interrogatoire éprouvant, quand le commissaire Vincent Duval fit irruption dans son bureau après avoir rapidement toqué à sa porte. C'est tout juste si le capitaine Paoli ne sursauta pas.

— Bonjour, Paoli.

— Bonjour, Patron.

— Tenez, c'est arrivé sur mon bureau par erreur.

Vincent tendit une lettre à François.

— Parfois, je me demande où le nouveau vaguemestre a la tête ou, plutôt, les yeux, car ce n'est pas la première fois qu'il se trompe dans sa distribution.

— Il faudra le lui demander, ironisa François dans le dos de Vincent qui ressortait.

A peine la porte était-elle fermée, qu'il ouvrit l'enveloppe : il s'agissait d'une convocation au tribunal. Il soupira, c'était le genre de chose qu'il goûtait peu. D'un geste, il envoya la feuille rejoindre un tas de papiers posé sur un coin de sa table de travail et se leva pour se dégourdir les jambes.

On toqua de nouveau à sa porte. Cette fois, il s'agissait du lieutenant Marchand.

— Salut, François !

— Salut, David !

— Tu es très occupé ?

— Très, non. Grincheux vient de me déposer ça, répondit Paoli d'un ton las.

— Une convoc' ? Pour quand ?

— Septembre.

— Tu as le temps. Bon, on va déjeuner ?

— Déjà ?

— Eh oui, mon vieux, il est midi et quart. Alors, la dinde de la cantine ou le filet de cabillaud de L'Épée ?

Le poisson l'emporta sur la volaille.

En attendant d'être servis, ils se mirent à parler des vacances qui n'allaient pas tarder.

— Ah, j'ai hâte à la semaine prochaine pour profiter de mon bateau !

— Combien de semaines prends-tu ? demanda François.

— Deux. Je n'ai pas pu en poser plus.

Ils plongèrent le nez dans le Sancerre qu'on leur avait recommandé.

— Qu'as-tu prévu pour tes vacances ? questionna David en reposant son verre.

— J'ai réservé une semaine de thalasso à Saint-Guénolé.

— Ah, oui, c'est vrai, j'avais oublié. Et Pierre ?

— Je l'ai inscrit au club de voile voisin. J'espère que ça lui plaira.

— Ça devrait, vu qu'il aime faire le mousse sur mon bateau.

*

A peine étaient-ils de retour à l'hôtel de police quimpérois que Paoli fut informé par Marie que le commissaire Duval l'attendait.

Sachant son supérieur peu patient, il abandonna son ami et grimpa les marches deux par deux.

— Entrez ! entendit-il derrière la porte à laquelle il venait de frapper.

— Vous désiriez me voir ?

— Oui, répondit-il en lui désignant une chaise du menton.

Paoli s'assit.

— Vous avez consulté Intranet aujourd'hui ?

— Non, je n'ai pas eu le temps.

— C'est bien ce que je me disais…

— Pardon ?

— Moi, j'ai eu le temps de le faire, dit Duval en se levant pour aller à sa fenêtre.

— Et… ? fit Paoli au bout d'un moment.

— Vous êtes nommé à la PJ. A mon grand regret, car j'aurais aimé vous garder. Mais… bon… Je vous félicite, Capitaine.

Et Duval de revenir à Paoli et de lui tendre la main. Celui-ci se leva pour la serrer.

— Merci, Patron.

Si les yeux bruns du Corse s'allumèrent de la fierté d'avoir obtenu ce qu'il désirait, ceux du commissaire avaient le triste reflet de celui qui voyait partir son meilleur élément.

— Vous succédez à Barrière.

— Ici ? A Quimper ?

— Vous savez bien où se trouve le détachement de Barrière, non ? lui fit Duval avec une pointe d'irritation dans le ton.

— Heu… oui. Oui, bien sûr, répliqua Paoli.

Ayant appris qu'un poste allait se libérer à la PJ pour cause de départ en retraite, il y avait postulé sans trop y croire, tout en redoutant d'être muté sur Brest ou Rennes, ce qui aurait bouleversé sa vie et surtout celle de Pierre, son fils. Mais en entendant qu'il allait remplacer Barrière, il ne put s'empêcher de se sentir soulagé.

— Votre nomination est effective dès la semaine prochaine, déclara Duval en se rasseyant. C'est bon, vous pouvez disposer, ajouta-t-il en se replongeant dans ses papiers.

— Bien... merci.

A la cellule de police judiciaire quimpéroise, celui que le capitaine Paoli allait remplacer n'était ni plus ni moins que le chef. Il se demanda comment le reste du groupe allait prendre la nouvelle. Le seul moyen de le savoir étant de leur rendre visite, François sortit du commissariat de sécurité publique pour se rendre à quelques mètres de là au détachement PJ.

Ce fut Paul Barrière, le futur retraité, qui lui ouvrit la porte.

— Tu n'attends même pas que mon siège soit froid ? Allez, entre !

Paoli comprit immédiatement que Barrière avait, lui aussi, consulté Intranet et qu'il s'attendait à sa visite. Il le suivit dans l'escalier de bois qui ne connaissait plus depuis longtemps la caresse du chiffon ciré, mais seulement celle du balai.

— Nous avons de la visite, annonça Paul Barrière en poussant la porte. Mon successeur !

Aussitôt, une tête familière se détourna d'un écran d'ordinateur et une main se leva, tendue vers Paoli.

— Salut François !

— Salut Tanguy !

Deux autres hommes apparurent, dont un que François ne connaissait pas.

— Ça va comme tu veux, François ?

— Ça alors, Amos ! Content de revoir, Amaury.

— Et moi, donc !

— Tu es ici depuis longtemps ?

— Huit jours. Par mutation. Tu ne lis pas Intranet ?

— Pas eu le temps.

— Tu ne connais pas Marc, je crois, intervint Paul.

— Pas encore.

— Brigadier-chef Marc Renard.

— Capitaine François Paoli, se présenta-t-il en lui tendant la main.

— J'ai entendu parler de vous, répondit Renard.

— Tanguy, fais-nous donc un peu de café.

Tandis que Paul Barrière invitait François Paoli, Marc Renard et Amaury Verdier à s'asseoir, Tanguy Botrel s'éclipsa dans la petite cuisine de la PJ.

— J'ai été content de savoir que ma place te revenait, débuta Barrière. Et les autres aussi.

— Ah, oui ?

Barrière confirma ses paroles en opinant du chef.

— Tu as fait du bon boulot ces derniers mois.

— Tu me flattes, Paul.

— Ce n'est pas de la flatterie, même si ça en a l'air. Non, je voulais plutôt te féliciter, puisque je n'en ai pas eu l'occasion.

— Alors, merci pour les félicitations.

— Je suppose que Duval doit l'avoir mauvaise de perdre un homme tel que toi. Ça a dû batailler ferme en haut lieu !

— Probablement.

— Tu es sur quelque chose en ce moment ?

— Pas vraiment. Plutôt dans la paperasse. Et vous ?

Et la conversation glissa sur les diverses affaires du moment.

Au bout d'une petite heure, le capitaine Paoli se leva et s'en alla, satisfait de cette prise de contact avec ses futurs collègues.

Il réintégra son bureau, bien décidé à boucler tout ce qui pouvait l'être pour aider ceux qui allaient devenir ses anciens partenaires, les lieutenants David Marchand et Éric Durand.

*

Ce même jour, quand sa journée fut finie, il quittait l'hôtel de police en compagnie de David Marchand lorsqu'ils se trouvèrent nez à nez avec Amaury Verdier.

— Salut !

En guise de salutation, David se contenta d'une inclinaison du chef.

— Vous avez le temps de prendre un verre ? demanda Verdier.

François et David acceptèrent.

— L'Épée, ça vous va ?

L'approbation se fit de deux hochements de tête.

Chemin faisant, David apprit que François et Amaury s'étaient connus à l'école de police. Alors que François Paoli sortait dans les dix premiers de la promotion, son camarade était relégué dans la seconde moitié du classement, l'amour pour celle qui allait devenir sa femme ayant pris le pas sur ses études. Amaury tint la lourde porte du café et céda le passage à ses deux invités. Un rapide coup d’œil dans la salle, puis il les emmena vers une table.

— Que buvez-vous ? demanda-t-il en hélant le serveur.

— Whisky, répondit François.

— Moi aussi.

— Alors, ça fera trois. Trois whiskies, s’il vous plaît, dit-il au garçon qui s’était approché.

— Bien, Monsieur.

La commande passée, un silence s’installa entre les trois hommes. Comme s’ils s’étaient déjà tout dit durant le trajet depuis l’hôtel de police ? Non, plutôt, comme s’ils ne savaient pas par où commencer.

Ce fut Amaury qui se lança le premier.

— Ça fait drôle de te retrouver ici, à Quimper, François.

— Je ne m’attendais pas du tout à te voir non plus.

— Où étais-tu avant ? interrogea David.

— Versailles. C’était assez sympa, même si on ne chôme pas là-bas.

— Alors, pourquoi tu as quitté ?

— Sophie a obtenu sa mutation.

— Sa femme, précisa François pour David. Elle est prof d’anglais.

La conversation qui venait à peine de débuter fut interrompue par le retour du serveur qui déposa les verres sur la table.

*

Lorsque François Paoli ouvrit les yeux, ce matin-là, le soleil était déjà haut dans le ciel.

— Tu es réveillé ? demanda la petite voix de Pierre à la porte.

— A l'instant. Bonjour Pierre.

— Bonjour Papa, dit-il en se penchant pour embrasser son policier de père.

— Quelle heure est-il ?

— Huit heures et demie.

— Déjà ?

— Oui.

Il repoussa drap et couverture et se leva. Une fois debout, il ouvrit la fenêtre en grand et inspira profondément. Puis il se tourna vers Pierre.

— Tu as déjeuné ?

— Non, je t'attendais, mais j'ai fait ma toilette.

Une heure plus tard, douché, rasé de près, les cheveux disciplinés par un peu de gel de coiffage, François passa de la salle de bains à la chambre et s'habilla pendant que Pierre l'attendait sagement en lisant, le chien couché à ses pieds.

Puis ce fut le moment de faire les bagages. Père et fils entassèrent leur linge dans deux sacs de voyage. Les bagages terminés, François fit le tour de l'appartement pour baisser les volets et fermer les compteurs. Enfin, deux tours de clef et de verrou plus tard, ils prenaient l'ascenseur, puis embarquaient à bord de l'Audi.

La voiture prit la Transbigoudène, la route à quatre voies desservant le Cap Caval, sur laquelle le trafic était assez dense.

Au bout de la Transbigoudène, François tourna à

droite en direction de Plomeur, Penmarc'h et La Torche.

La route se fit plus plate, les arbres plus rares, on approchait de la mer. Sans la voir, on la devinait à son odeur.

— On montera au phare ? interrogea Pierre en voyant la haute silhouette de l'édifice apparaître.

— Oui, à la fin de notre séjour, mais, je te préviens, c'est haut et il n'y a pas d'ascenseur !

— Ah ! Tu y es déjà monté, toi ?

— Pas encore. Les fois où je pensais le faire, il pleuvait.

Se remémorant les indications qu'on lui avait fournies, François ne tarda pas à trouver le penty qu'il avait loué pour la semaine.

La petite maison aux murs de pierre et au toit d'ardoise paraissait tapie au sol pour affronter les tempêtes, derrière un muret de pierres sèches dans lequel s'accrochaient quelques touffes de sédum et d'arméria rachitiques. Le jaune et le rose des fleurs se côtoyaient dans un désordre harmonieux.

François avait à peine éteint son moteur qu'une femme surgit, sans doute de la maison d'en face où un rideau venait de s'écarter, juste de quoi voir sans être vu. Il sortit de l'Audi.

— Bonjour !

— *Mat an traoù ?*

— Pardon ?

— Je disais bonjour ! Vous devez être le locataire de Louise…

— Vous voulez dire de madame Cozic ?

— Oui, c'est ça, Louise ! Moi, c'est Jeannette. Elle m'a dit de vous accueillir en attendant son retour. Elle avait son pain à prendre.

Maintenant qu'elle avait bien observé François, elle posa les yeux sur Pierre.

— Il a quel âge vot' fils ?

— Huit ans.

— Ah !

Alors que Jeannette allait pousser un peu plus son interrogatoire, une femme apparut sur un vélo, son pain attaché en travers de son porte-bagages.

— Ah, voilà Louise ! fit Jeannette.

Madame Cozic descendit de sa monture quelque peu rouillée et l'appuya contre le muret en prenant garde de ne pas égratigner le bout de son pain.

— Bonjour ! Je vois que vous avez fait la connaissance de Jeannette. Je suis Louise Cozic, se présenta-t-elle, main tendue vers François, puis vers Pierre. C'est bon, Jeannette, tu peux nous laisser.

Jeannette tourna les talons et s'éloigna sans se presser.

— J'espère que je ne vous ai pas fait trop attendre, s'excusa Louise en fouillant ses poches.

— Non, nous venions d'arriver.

Elle sortit une clef qu'elle tourna et ouvrit la porte du penty.

— Voilà ! Entrez !

Après leur avoir fait visiter le penty, Louise Cozic remit une clef à François, récupéra son vélo et traversa la route en direction de la maison où le rideau venait à nouveau de bouger.

*

Après le déjeuner, François conduisit Pierre au club de voile où il l'avait inscrit. De jeunes apprentis navigateurs s'affairaient autour de voiliers. Un moniteur s'approcha.

— Bonjour ! Vous cherchez quelqu'un ?

— Bonjour ! Je viens me renseigner sur les heures de cours de mon fils.

— Ah ! Alors, il faudrait voir Jean-Phi, c'est le directeur. Vous voyez cette porte bleue ? C'est son bureau.

— Merci. Tu viens, Pierre ?

Une trentaine de mètres plus loin, François fit ce qu'on venait de lui dire et tous deux pénétrèrent dans un local éclairé d'une seule fenêtre, donnant sur la plage.

Un homme leva la tête de ses papiers.

— Bonjour, Monsieur. Vous êtes bien le directeur ?

— Oui, Jean-Philippe Bourg. Bonjour. Si c'est pour une inscription, tout est complet.

— Non, non. L'inscription est déjà faite. Je viens voir quand a lieu son premier cours.

— C'est à quel nom ?

— Pierre Paoli.

— Un instant.

Jean-Philippe Bourg souleva des papiers, déplaça un classeur et en attrapa un autre qu'il ouvrit. Il tourna plusieurs feuilles sur lesquelles figuraient des dates et des listes de noms.

— Paoli… disait-il à mi-voix, en suivant son listing de l'index droit. Ah, voilà ! Paoli, Pierre. Bon… Son brevet de natation est là… Vous avez apporté son certificat médical ?

— Oui, un instant…

Le temps que François fouille dans son portefeuille et le certificat changea de main.

— Bien. Cette fois-ci, on a tout. Le cours débutera demain à 10 heures.

— Parfait. Alors, à demain !

François serra la main de Jean-Philippe et entraîna Pierre dehors.

— Que dirais-tu de profiter un peu de la plage, fiston ?

— D'accord !

*

A peine arrivés à la plage, ils abandonnèrent serviettes et vêtements sur le sable à un endroit qu'ils avaient choisi depuis la dune et allèrent se baigner.

Après avoir recommandé à son fils de ne pas trop s'éloigner du bord, François fit quelques brasses vers le large avant de nager parallèlement au rivage. S'étant fixé comme but la bouée de mouillage d'un bateau, il partit d'un crawl régulier et fluide, fendant les vaguelettes.

Lorsqu'il eut atteint la bouée, il fit demi-tour et revint à son point de départ. Le corps ruisselant, il remonta le sable blanc. Pierre séchait sur sa serviette. François secoua la tête au-dessus de son fils, faisant tomber quelques gouttes d'eau fraîche sur sa peau.

— Oh, Papa !

— Quoi ?

Et il s’ébroua de nouveau avant de s’étendre sur son drap de bain.

— Je croyais qu’on devait jouer au ballon, dit Pierre.

— Tout à l’heure.

— Bon. Alors, je vais faire un tour.

— C’est ça, bonne idée, approuva François.

Tandis que Pierre s’éloignait, François se laissa bercer par le chuintement de la marée montante mourant sur le sable.

Dix minutes plus tard, il se tournait et offrait son dos à la morsure du soleil. Il ne tarda pas à s’endormir.

Ce fut la voix de Pierre qui le tira de son sommeil :

— Papa ! Papa !

— Quoi ? Qu’est-ce qu’il y a ?

— Regarde ce que j’ai trouvé.

Bras tendu, Pierre tenait une montre entre ses doigts.

— Fais voir.

— C’est une grosse ! Elle est belle, hein ?

François lui prit la montre et lui accorda un bref regard avant de demander :

— Où l’as-tu trouvée ? Sur le sable ?

— Oui, en haut de la plage, là-bas… répondit Pierre en pointant le doigt.

— Sur la dune ?

— Puisque je viens de te le dire !

— Et il n’y avait personne, pas de monsieur, à côté ?

— Ben… non ! J’ai juste vu deux filles qui jouaient avec des raquettes. Et comme ce n’est pas une montre de fille, je ne leur ai rien demandé. Et tous les monsieurs…

— On dit : les messieurs, Pierre, le corrigea François.

— Et tous les messieurs, se reprit Pierre, que j'ai vus en revenant ici, avaient une montre. J'ai bien regardé. C'est pour ça que je te la donne.

— C'est bien. En rentrant à la maison, on ira la déposer à la gendarmerie.

— Pourquoi ?

— Parce que c'est une montre de valeur, répondit François en fourrant l'objet dans le fond de son sac à dos. Tu veux toujours jouer au ballon ?

*

Après la partie de ballon, les Paoli se rhabillèrent, quittèrent la plage et rentrèrent au penty. François avait complètement oublié la montre.

— Sors Copain, je vais prendre une douche.

— D'accord ! Et après, on mange ? J'ai faim !

— Oui, oui. Allez, va !

Cinq minutes plus tard, vêtu d'un polo et d'un bermuda propres, il préparait le dîner devant le poste de télévision qui diffusait les informations régionales. Tout en coupant des tomates, François y jetait de temps à autre un coup d'œil.

Il plongeait des œufs dans une casserole, quand son attention fut captée par l'annonce d'un fait divers :

« Disparition de Pascal Loiseau, dont la photo s'affiche actuellement sur vos écrans. Sportif accompli, ce quadragénaire participait, souvent avec bonheur, à des régates. Nous le voyons, ici, recevant le prix de l'Obélix Trophy, à Bénodet. »

— Papa, on est revenus !

— Bien, dit François en coupant la télé. Va te laver les mains, on mange.

Le repas fini, la table débarrassée, François s'installa sur un bloc de granit adossé à la façade du penty et qui, vraisemblablement, devait faire office de banc.

— A quoi tu penses ? lui demanda Pierre en s'asseyant près de lui.

— A rien ! Ça doit t'étonner, hein !

— Oui, parce qu'à Quimper, tu as toujours l'air de penser à des tas de choses.

— Et comment tu sais ça, toi ?

— Ben… Tu fronces les sourcils et t'as souvent mal à la tête. Et, là, vrai de vrai, tu pensais à rien ?

— Puisque je te le dis.

— Ah, bon… Alors, tu veux bien jouer aux boules ? J'ai vu un jeu, sous l'escalier.

*

Ils sortirent de la maison et se séparèrent cinq cents mètres plus loin, devant l'entrée de l'école de voile. Quelques recommandations de prudence et d'obéissance à son fils, et François prit le chemin du centre de thalassothérapie, Les Cormorans.

François aurait pu choisir Bénodet ou Douarnenez pour effectuer sa cure. Mais après avoir téléphoné à ces deux établissements, puis aux Cormorans, il n'avait pas hésité et avait réservé une semaine de thalasso à Saint-Guénolé.

A son arrivée, il reçut la feuille de son programme. Massages, enveloppements d'algues, hydrothérapie, bains bouillonnants devaient se succéder en demi-journées : un jour le matin, un jour l’après-midi.

— Et vous pourrez également profiter du sauna ou du hammam, lui dit l’hôtesse d’accueil en lui remettant sa panoplie de parfait curiste. Veuillez me suivre, s’il vous plaît.

François emboîta le pas de l’hôtesse qui le mena jusqu’à une cabine.

— Je vais prévenir Clara. En attendant, déshabillez-vous et enfilez votre peignoir…

— Merci, Mademoiselle.

Sitôt l’hôtesse partie, François enfila son peignoir. Clara apparut cinq minutes plus tard.

— Bonjour !

— Bonjour Clara !

— Vous êtes monsieur Paoli, c’est bien ça ?

— C’est ça.

— Bien. Nous allons commencer par un bain hydromassant. Suivez-moi.

Ils passèrent devant une série de portes portant le pictogramme d’une baignoire. Clara lui ouvrit la porte numéro 8.

— Vous avez un crochet ici pour suspendre votre peignoir, lui indiqua-t-elle. Bien, allez y, entrez dans l’eau. Ça va comme température ?

— Ça va.

— Le programme dure quinze minutes pendant lesquelles les diverses parties de votre corps seront massées de la plante des pieds aux épaules et aux cervicales.

Elle diminua l’intensité de la lumière jusqu’à atteindre la pénombre et se retira. Et François se laissa faire par les jets pulsés. Un quart d’heure plus tard, Clara reparut et modifia à nouveau l’éclairage. François cligna des yeux.

— Maintenant, je vais vous conduire dans une autre cabine pour un enveloppement d’algues.

Son peignoir enfilé, il la suivit jusqu’à la cabine 7. Celle-ci était de petite taille, sans fenêtre, mais avec deux portes en vis-à-vis. Le long d’un mur se trouvait une table qu’elle lui désigna pour s’allonger. Ce qu’il fit pendant qu’elle se saisissait d’un récipient rempli d’une mixture verte. Tandis que Clara vérifiait ce dont elle avait besoin, François la regardait faire. Elle était de taille moyenne, avait la peau mate, les cheveux châtains coupés court, des yeux bleus en amande bordés de longs cils noirs, un nez très légèrement retroussé, une jolie bouche. Son maquillage discret accentuait sa beauté naturelle.

— Je suppose que ce sont les algues ? s’enquit François en avisant le bol qu’elle tenait.

— Vous ne vous attendiez quand même pas à un tas de goémon dans lequel vous vous seriez roulé, comme ce client de Paris que j’ai eu la semaine dernière... Qu’est-ce qu’on a ri quand j’ai raconté ça aux autres ! Oh ! J’espère que vous n’êtes pas Parisien...

— Non, pas du tout.

— Allongez-vous, levez le bras gauche. Tant mieux, j’ai frôlé la gaffe. Le bras droit... Bien. A présent, la jambe gauche... et pour finir, la droite. Voilà ! Maintenant, je vous emballe dans du film plastique, pour ne pas salir la couverture... Ça va ? Et maintenant, la couverture !

— Je dois ressembler à une papillote…

— Presque ! Je reviens dans vingt minutes. A tout à l'heure !

Et comme dans la cabine précédente, Clara baissa la lumière et sortit.

Il n'y avait pas fait attention pendant le temps qu'elle étalait la purée de laminaires sur lui, mais, à présent qu'il était seul, il entendait de la musique de relaxation. Il ferma les yeux.

Il était tellement bien au chaud, détendu, l'esprit vide, qu'il fut surpris par le retour de Clara et de la lumière. Elle lui retira la couverture, puis le film plastique et lui désigna la douche.

— Je vous fais le dos, vous ferez le reste vous-même, dit-elle en réglant la température de l'eau.

— Et ensuite ?

— Vous pourrez disposer de l'espace hydro-marin, à moins que vous optiez pour un sauna ou un hammam. Vous avez aussi la possibilité de vous reposer dans la salle des arômes. Mettez-vous face au mur, je commence par les épaules.

Tout en débarrassant le dos de François de son emplâtre visqueux, elle lui demanda ce qui l'avait poussé à choisir Les Cormorans comme centre de cure.

Il répondit que, pendant ce temps-là, le temps qu'il consacrait à son bien-être, son fils suivait des cours de voile.

— Et vous-même, Clara, depuis combien de temps travaillez-vous ici ?

— Depuis l'ouverture de l'établissement, ça fait cinq ans. Et je m'y plais beaucoup, ajouta-t-elle.

Le rinçage du dos terminé, elle lui tendit le pommeau de douche.

— Voilà, c'est à vous ! Je vous dis donc à demain, 15 heures. Au revoir !

— Au revoir !

*

François sortit de l'établissement de cure et mit ses lunettes de soleil.

En se rendant aux Cormorans, il avait repéré un petit restaurant sympathique dans lequel il s'était réservé une table.

N'ayant personne pour converser, il patienta en regardant les clients arriver, consulter la carte, puis, après concertation, s'installer aux tables voisines.

Il y avait quelques étrangers, mais aussi des Français. Tous avaient le nez plongé dans le menu, hésitant sur les plats qui avaient l'air tous aussi appétissants les uns que les autres.

C'était cela qui avait poussé François à choisir cet endroit, tout autant que les prix, fort raisonnables pour un restaurant de bord de mer.

— Votre salade, Monsieur. Bon appétit !

— Merci.

Tout en mangeant, il se surprit à écouter la conversation d'une tablée voisine, commentant l'actualité.

— Vous avez vu les régionales d'hier soir ? On parlait de Pascal Loiseau.

— Il aurait disparu, d'après ce que j'ai entendu…

— Depuis combien de temps ?

— Une semaine, je crois. En tous cas, c'est ce qu'ils ont dit au journal.

Ils furent interrompus par une serveuse venant prendre leurs commandes. Et distraits, aussi, car leur sujet de conversation changea.

*

François retrouva Pierre en fin d'après-midi. L'enfant était enchanté par son premier cours et il s'était fait une copine, Kelly.

— On va à la plage ? demanda-t-il en déballant son goûter.

— Tu n'es pas fatigué ?

La bouche pleine, Pierre secoua la tête de gauche à droite.

— On retourne à la même plage qu'hier ?

— Si tu veux.

— Oui !

Dès qu'ils apparurent en haut de la plage, une blondinette accourut à leur rencontre. Et François comprit le « oui ! » enthousiaste de son fils.

— J'ai cru que tu n'allais pas venir…

— C'est Kelly, la présenta Pierre à son père.

— Bonjour Kelly !

— Bonjour ! fit-elle d'un ton joyeux.

Elle accompagna les Paoli jusqu'à l'emplacement choisi par François. Sitôt que Pierre fut en maillot de bain, elle le prit par la main pour l'entraîner vers la mer.

— Viens, on va se baigner !

François suivit les enfants.

— Elle est bonne ?

— Elle est claire ! s'exclama Pierre. Regarde, on voit des petits poissons !

— Je vois…

— Et, là, c'est quoi ? demanda le garçonnet, la main dans l'eau.

— Où ça ? Enlève ta main, je ne vois pas…

Comme venait de le lui demander François, Pierre sortit la main de la mer, mais en la retournant prestement de façon à envoyer de l'eau au visage de son père qui fut surpris par cette aspersion.

— Je t'ai eu ! rit Pierre en s'éloignant prudemment.

Mais en quelques pas, François était sur lui et l'éclaboussait à grands gestes. La joyeuse bataille à laquelle ils firent participer Kelly, dura quelques minutes au bout desquelles François prit la fuite vers le large.

Après une vingtaine de minutes de nage, il sortit de l'eau et remonta en regardant à droite et à gauche sans voir Pierre. La serviette jetée sur les épaules, il attrapa ses lunettes de soleil qu'il remit devant ses yeux bruns et refit un tour d'horizon d'observation. Un moment, il crut avoir repéré son fils, mais ce n'était pas lui : plus grand, un peu grassouillet.

Avisant les rochers, il songea que Pierre avait dû s'y rendre avec Kelly. Il lui fallut deux minutes pour les repérer, penchés au-dessus d'une flaque. Tranquillisé, il s'allongea et ferma les yeux. Apprécier le calme, la chaleur du soleil, le bruit des vagues… Ne penser à rien…

Il y parvint tant et si bien que Pierre dut le secouer et lui faire remarquer que la plage s'était vidée.

*

Trois jours plus tard…

François était allongé sur une table dominée par une rampe de laquelle jaillissaient plusieurs petites douches d'eau de mer chaude et se faisait masser les épaules par Clara.

— Oh, que ça fait du bien !

— Vous nagez beaucoup, n'est-ce pas ?

— Comment le savez-vous ?

— Je vous ai vu, hier.

— Vous étiez à la plage ?

— Oui. Plus exactement, je marchais sur la dune quand je vous ai vu vous mettre à l'eau. Comment l'avez-vous trouvée ?

— Elle était à bonne température. Vous ne vous êtes pas baignée ?

— Si, en revenant de ma promenade.

Elle se tut, ses mains quittant les épaules de François pour descendre le long de son dos. Il ne relança pas le dialogue, il était trop bien.

Soudain, il ne sentit plus que les jets d'eau tomber en pluie sur son corps.

— C'est fini ?

— Oui.

— Dommage !

— C'est ce que tous les curistes disent. Bien, c'est tout pour aujourd'hui, annonça-t-elle en coupant l'eau. A demain matin, monsieur Paoli !

— Et pourquoi pas à ce soir ? demanda François en enfilant son peignoir.

— Ce soir ?

— Vous n'êtes pas libre, peut-être…

— Oh, si… si ! Mais… c'est que je… je ne m'y attendais pas, dit-elle en finissant de nettoyer la cabine.

Elle allait ouvrir la porte, mais il l'en empêcha. Elle leva ses yeux bleus vers le regard brun qui la dominait.

— Cela me ferait plaisir que vous acceptiez de prendre un verre avec moi. Je vous donne le temps de mon rhabillage pour réfléchir. D'accord ?

— D'accord.

Il s'en alla au vestiaire où il prit son temps. Quand il en ressortit, Clara parlait avec une autre employée des Cormorans. Et l'échange semblait assez vif.

Il sortit, déçu que la jeune femme ne lui ait pas accordé un regard lorsqu'il passa devant elle pour sortir. Il prit la direction du penty.

Il allait pousser la porte quand son portable sonna.

— Allô ?

— Monsieur Paoli ?

— Oui…

— C'est Clara… Pour votre proposition…

— Elle tient toujours…

— Ah !

Il traduisit l'interjection comme celle d'un soulagement.

— Dans ce cas, je serai à 21 heures au Scottish Pub, ajouta-t-elle aussitôt. C'est sur la route de Kérity.

— Entendu. A tout à l'heure !

A peine eut-il coupé la communication que Pierre rentra de l'école de voile.

— J'ai fini le parcours le premier ! annonça-t-il victorieusement à son père. Il y en a qui se sont trompés dans l'ordre de passage des bouées, pourtant c'était facile à se rappeler.

— Personne n'est tombé à l'eau, aujourd'hui ?

— Non, non. Tu viens, Copain ?

Et il ressortit avec le labrador tandis que François préparait le dîner.

— Pierre, à table ! l'appela-t-il, vingt minutes plus tard.

— J'arrive !

Alors qu'ils finissaient leur repas, François demanda :

— Tu n'auras pas peur, si je te laisse un peu seul ce soir ?

— Où tu vas ?

— Dans un bar, prendre un verre.

— Ben…

— Je ne rentrerai pas tard, promis. Et puis, si la présence du chien peut te rassurer, je t'autorise à faire dormir Copain dans ta chambre.

— Vers quelle heure tu reviendras ?

— Je ne sais pas, répondit François en servant une semoule au caramel à son fils.

Il regarda l'enfant manger son dessert en attendant que son café chauffe. D'habitude, Pierre engloutissait son laitage, ce n'était pas le cas ce soir.

— Ce n'est pas bon ?

— Si, si… mais je n'ai plus très faim.

— Eh bien, mange encore trois cuillerées et donne le reste au chien.

Deux cuillerées plus tard, le labrador passait une langue gourmande dans la barquette d'aluminium. François ne dit rien, ayant deviné la contrariété qui avait coupé l'appétit à Pierre.

Ils regardèrent un peu de télévision, puis l'heure vint d'aller au lit.

— Allez, dors bien.

— Non, laisse la lumière.

— A Quimper, tu dors sans, objecta François.

— S'il te plaît… l'implora Pierre.

Mais François plongea la chambre dans le noir et ferma la porte. Il était arrivé au bout du couloir et allait descendre quand il entendit appeler :

— Papa !

— Si c'est pour la lumière, j'ai dit non !

— Papa !

— Quoi ?

— J'ai envie de faire pipi !

Il revint sur ses pas, rouvrit la porte, ralluma.

— Dépêche-toi d'y aller.

Pierre sortit du lit, fila au WC et se recoucha. Cette fois, son père tira la porte, laissant un rai de lumière du couloir filtrer, et s'en fut se préparer. Il troqua son bermuda pour un pantalon de toile beige, léger, et une chemise noire dont il laissa le col ouvert et dont il remonta les manches.

Dix minutes plus tard, alors qu'il prenait sa clef de voiture, Pierre apparut.

— J'ai soif !

— Tout à l'heure, c'était une envie de pisser, maintenant tu as soif… Tu le fais exprès ou quoi ?

— Mais… c’est vrai… j’ai soif… pleurnicha Pierre. Et j’ai chaud…

— Bon, viens boire.

L’enfant approcha, prit le verre d’eau que son père lui tendait et le but avidement.

— Merci.

— Et maintenant, tu remontes te coucher. Allez !

Pierre repartit vers l’escalier en traînant les pieds. François jeta un coup d’œil à sa montre, il ne lui restait plus que quinze minutes avant de retrouver Clara. Mais s’il prenait la voiture, il disposait encore d’un peu de temps.

Lorsqu’il jugea que Pierre était recouché, il remonta l’escalier à pas de loup. La porte de la chambre était entrouverte, mais la lumière éteinte.

Il redescendit aussi silencieusement qu’il était monté et, cette fois, sortit.

*

Il restait trois emplacements sur le parking du Scottish Pub. Il se gara entre une moto et un camping-car, et traversa le parking en lisant les immatriculations des autres véhicules : pour la plupart des 29, mais également un 66, un 31, deux 75 et un 59.

François franchit la porte. Il y avait déjà pas mal de monde à l’intérieur du Scottish Pub où l’on se serait cru de l’autre côté de la Manche. Il ne manquait même pas la fameuse cloche que l’on fait tinter pour annoncer le dernier service avant la fermeture…

Il balaya la clientèle des yeux : Clara n’était pas

encore arrivée. Il s'installa au bar, toutes les tables étant occupées, et commanda un Lagavulin. Il en apprécia la couleur ambrée, le parfum tourbé, et en prit une gorgée qu'il garda en bouche. Ce rituel de dégustation effectué, il eut un hochement de tête approbateur.

Cela faisait vingt minutes que François était en tête-à-tête avec son verre et l'avait presque fini quand il entendit :

— Nageur et amateur de whisky, à ce que je vois ?

En reconnaissant la voix de Clara, il se tourna vers elle.

— Je commençais à penser que vous ne viendriez pas.

— Désolée, j'ai eu un contretemps.

— Il n'y avait plus de table libre quand je suis arrivé. Cela ne vous dérange pas d'être au bar ?

— Pas du tout, répondit-elle en se hissant sur le tabouret qu'il occupait un instant plus tôt. Que buvez-vous ?

— C'est un Lagavulin.

— Mary, la même chose pour moi, s'il te plaît.

— Un autre, s'il vous plaît.

François attendit que Mary se soit éloignée d'eux pour prendre la parole :

— Merci d'avoir accepté mon rendez-vous…

— Puisque j'ai accepté votre invitation, monsieur Paoli…

— Mon prénom est François.

— Classique, mais j'aime bien. Donc, puisque je suis là, j'aimerais savoir en compagnie de qui je bois un verre.

— Vous le savez déjà, Clara. Un de vos curistes.

— Oui, bien sûr… Ma question était stupide ou trop directe…

— Je ne dirais pas stupide.

Malgré l'éclairage un peu faible, il nota un rosissement des joues de la jeune femme qui cacha sa gêne en trempant les lèvres dans son verre.

— Pourquoi avez-vous choisi cet endroit, Clara ?

— Parce que je l'aime bien. Il ne vous plaît pas ?

— Oh, si, si ! C'est le cadre idéal pour la dégustation d'un single malt.

— Et j'aime bien la musique celtique. Tenez, ça, c'est une valse écossaise. C'est joli, non ?

Au tour de François de répondre d'un hochement de tête en déglutissant.

— Vous avez appelé la serveuse Mary et pas Marie…

— Oui, elle est écossaise. Ça fait trois ans qu'elle et son mari ont ouvert ce pub.

— Il est écossais, lui aussi ?

— Non. C'est un Breton pure souche, un gars d'ici. Ce qui ne doit pas être votre cas…

— Je ne peux pas vous le cacher. Je suis corse.

— Corse… Ah ! Je suppose que c'est votre métier qui vous a conduit ici, en Bretagne…

— Vous supposez bien.

Nouvelle pause occupée à la dégustation du single malt et à l'observation de la clientèle. Quelques mots ou commentaires de Clara à propos d'untel ou d'un autre, hochements de tête de François, sourires. Soudain, bousculée par un buveur de bière voisin qui racontait une histoire avec force gestes, Clara fut déséquilibrée et projetée vers François qui la reçut quasiment dans les bras.

Échange de regards après ce contact inattendu, suspension du temps, oubli de l'espace. Si l'instant fut bref, il n'en fut pas moins intense.

— Oh, pardon ! s'excusa le buveur de bière. Je vous ai fait mal ?

— Non, non, ça va, répondit Clara en se hissant de nouveau sur son siège. Oh, zut ! Mon verre s'est renversé.

— Je vous en offre un autre. Mary ! Sers-leur à boire sur mon compte.

Ayant jugé qu'il avait réparé sa faute, le buveur de bière oublia l'incident et reprit sa conversation.

— Je ne sais plus de quoi nous parlions, dit Clara après avoir remercié Mary.

— Et si vous me parliez un peu de vous… suggéra François.

— De moi ? Oh, vous savez, il n'y a pas grand-chose à dire. Je vois tellement de monde dans la journée que, le soir, j'aime bien le calme.

— Pourtant vous êtes ici, ce soir…

— Oui, c'est vrai, admit-elle en détournant les yeux vers la salle. Mais, ce soir, c'est différent.

— Ah, oui ? Pourquoi ?

— Depuis quelques jours, l'ambiance est un peu lourde, voire tendue, aux Cormorans.

— J'imagine que ça arrive dans n'importe quelle entreprise…

— Sans doute, oui, répliqua-t-elle d'un air songeur. Et puis…

— Et puis ?

— Non… rien.

Et là, les yeux de Clara se reposèrent sur François. Et parlèrent si bien pour elle que le Corse lui prit son verre, le posa sur le bar et l'entraîna par la main à l'extérieur du pub.

La nuit était claire. Ils firent quelques pas. A peine eurent-ils contourné la façade que François attira Clara à lui. Doucement, presque hésitant, il lui enveloppa la joue gauche, lui leva le menton et approcha ses lèvres des siennes. Ce fut d'abord un contact léger, un effleurement. Puis, François passa à quelque chose de plus sérieux. Et tandis que sa bouche goûtait celle de la jeune femme, le velouté de ses lèvres, la douceur de sa langue, que Clara glissait une main dans l'échancrure de sa chemise tout en répondant à son baiser, il se sentit parcouru par une onde de chaleur.

Sans que leurs bouches se désunissent, il la fit reculer vers le mur de pignon du pub contre lequel elle se trouva adossée en douceur. Mais, alors qu'il pressait son corps contre le sien, une image surgit du fin fond de sa mémoire. Celle d'une femme qu'il avait aimée passionnément et qu'il avait perdue tragiquement : Hélène.

Il se détacha de Clara.

— François…

— Pardon… je…

Et il s'enfuit à grands pas vers sa voiture dans laquelle il s'engouffra et quitta les lieux.

Arrivé à la pointe de La Torche, il sortit de l'Audi, fit quelques pas, tomba à genoux face à l'océan. Il ne s'en aperçut pas, mais il y avait un témoin à son désespoir.

Alors qu'il s'apprêtait à entrer dans sa maisonnette, un septuagénaire avait entendu arriver l'Audi. Bien qu'il fût habitué à la venue de noctambules en galante compagnie, il n'avait pu s'empêcher de regarder en direction de la berline allemande. Et, comme la nuit était claire, l'homme n'avait eu aucun mal à observer son conducteur.

Une demi-heure plus tard, François Paoli entrait dans un bar et commandait un double whisky.

*

Pierre poussa la porte de la chambre de son père et le vit affalé en travers du lit, tout habillé.

— Papa ?

Pas de réponse, pas même un grognement. Vaguement inquiet, Pierre s'avança dans la pièce.

— Papa, je vais à la voile. Papa, t'as entendu ? Je pars.

— Hon…

Que voulait dire ce « hon » ? Que François avait entendu ?

— Papa, t'as compris ? Je vais à la voile. Papa ?

N'obtenant toujours rien, Pierre s'approcha du lit et se pencha vers son père. C'est alors qu'il perçut l'haleine de François.

— Tu es saoul… se désola l'enfant en reculant du lit.

Il sortit de la pièce et descendit au salon. Là, il écrivit quelques mots sur un bout de papier et quitta le penty.

Plus d'une heure s'était écoulée depuis le départ de Pierre quand François émergea enfin. Il s'assit sur le bord du lit, la bouche pâteuse et la désagréable impression de voir le décor tanguer autour de lui, le tout couronné par un terrible mal de tête.

Il essaya de lire l'heure, mais ne put le faire, incapable de discerner les chiffres et les aiguilles de sa montre. Il se frotta le visage et les yeux, réussit à se lever et, d'un pas chancelant, se dirigea vers la salle de bains.

Il tourna le robinet d'eau froide du lavabo et s'aspergea la figure à plusieurs reprises avant de relever la tête et d'oser affronter son reflet dans le miroir, les mains en appui de chaque côté de la vasque. Le moins qu'on pût dire, c'était que son état n'était pas brillant. Il baissa la tête, trop honteux pour continuer à se regarder en face.

Il se déshabilla, entra dans la cabine de douche où il laissa l'eau ruisseler sur lui, le temps nécessaire à se sentir mieux. Sans passer par la case rasage, il enfila un polo et son bermuda et descendit.

L'ayant entendu, Copain arriva en fouettant l'air de sa queue.

— Oui, oui… lui dit François en se dirigeant vers la table sur laquelle était posé le mot de Pierre.

Il prit la feuille et la lut :

« *J'ai essayé de te réveiller, mais je n'ai pas pu. Je vais à la voile. Je rentrerai vers cinq heures. Pierre.* »

Près du billet de son fils, un petit carton lui rappelant son rendez-vous aux Cormorans. L'heure était largement dépassée. Néanmoins, François décida de s'y rendre, ne fût-ce que pour s'excuser auprès de Clara. Il attrapa son maillot de bain et sa clef de voiture. Arrivé à la thalassothérapie, il se dirigea vers l'accueil où il s'excusa pour son retard.

— Vous avez de la chance, monsieur Paoli. Une de nos clientes vient de nous téléphoner pour annuler ses soins du jour. C'est Mathieu qui devait s'occuper d'elle. Je l'appelle.

— Merci.

Mathieu arriva dans la minute et emmena François pour son enveloppement d'algues, puis au massage sous affusion. Bien sûr, ses gestes n'avaient rien à voir avec ceux de Clara, mais François ne fit pas de remarque.

Ce n'est qu'à la fin du massage qu'il fit allusion à la jeune femme.

— Clara n'est pas venue aujourd'hui et on n'a pas eu de ses nouvelles.

Dix minutes plus tard, François sortit des Cormorans et se rendit à la première terrasse qu'il trouva. Par chance, il restait une table à l'ombre d'un parasol. Il s'installa et commanda un café serré.

Tandis qu'il le buvait, il se mit à penser. A Clara. A lui et à son comportement au souvenir d'Hélène.

Il fallait qu'il voie Clara, qu'il lui parle et s'excuse. Lui dire qu'elle l'attirait comme aucune autre femme ne l'avait fait depuis la mort d'Hélène.

Le café où il se trouvait n'était éloigné que de cent mètres des Cormorans. Quelqu'un du personnel devait probablement connaître Clara. Dans un bourg comme celui-ci, beaucoup de gens se connaissaient. Il héla la jeune fille qui l'avait servi :

— Mademoiselle !

— Oui ?

Il la laissa s'approcher de sa table.

— Vous êtes d'ici ?

— Oui, pourquoi ?

— Est-ce que, par hasard, vous connaîtriez une jeune femme s'appelant Clara qui travaille aux Cormorans ? Cheveux châtains, courts, yeux bleus, de taille moyenne.

— A la thalasso ? Oui, je vois de qui vous parlez. Clara Morvan. Elle s'arrête de temps en temps ici pour boire un thé.

— Savez-vous où elle habite ?

— A Saint-Guénolé, mais je ne sais pas où exactement.

— Il faut que je le sache, c'est important.

— Attendez. Je vais voir si quelqu'un du bar le sait.

La serveuse disparut, revint quelques minutes plus tard.

— J'ai votre renseignement.

François sortit un bout de papier de son portefeuille et y nota l'adresse de Clara ainsi que quelques indications pour y parvenir. Puis il paya son café et s'en alla.

Ralentie par la circulation, l'Audi mit un quart d'heure à faire le trajet jusqu'au domicile de Clara.

La maison de Clara était une habitation contemporaine entourée d'un petit jardin, lui-même bordé de muretins. Il poussa le portillon et suivit l'allée de gravillon menant à la porte d'entrée. Par acquit de conscience, il vérifia le nom accolé au bouton de sonnette : Clara Morvan.

Après avoir sonné trois ou quatre fois, il recula de

quelques pas, regarda la façade en espérant voir apparaître le visage de Clara à l'une des fenêtres. Rien.

Un vieux pêcheur passa sur sa bicyclette d'un autre âge, son panier attaché sur le porte-bagages. Mégot de Gitane maïs au coin des lèvres, il adressa un bref salut à François.

Alors qu'il tournait la clef de contact, il vit remuer un rideau à une fenêtre voisine.

— C'est une véritable manie par ici, ma parole ! grommela François entre ses dents.

*

Quand Pierre revint de son cours de voile, François somnolait, un livre entre les mains, dans un vieux transat en toile qu'il avait trouvé sous l'escalier de la maison. Il passa devant son père sans rien lui dire et entra dans le penty, le labrador sur les talons.

— Pierre ?

— Quoi ?

François lâcha son livre et se leva. Pierre vit sa silhouette se découper dans l'ouverture de la porte.

— Pierre…

— Je prends mon goûter, dit-il en tartinant un morceau de pain de pâte au chocolat.

— Tu en mets de trop, lui fit remarquer François.

— Ah, oui ? Et toi, tu n'as pas trop bu hier, peut-être ? Tu m'avais dit que tu allais prendre un verre, pas plusieurs ! C'est pas bien, ce que tu as fait, pas bien du tout !

Pierre lui avait fait ses reproches sans baisser les yeux.

— Je sais, je n’aurais pas dû… dit François en se laissant tomber sur une chaise en face de lui.

— Pourquoi tu as fait ça ?

La question était directe et Pierre attendait une réponse sans détour, les yeux fixés sur son père.

— Je ne suis pas sûr que tu comprennes.

— Essaye toujours, rétorqua le gamin avant de mordre dans sa tartine.

François fut tenté de gagner une fenêtre et de faire mine de regarder dehors.

Mais ç’aurait été faire preuve de faiblesse. Une nouvelle fois.

— C’est une histoire de grandes personnes, Pierre, et tu n’as que huit ans…

Il avait à peine commencé qu’il marqua une pause.

— Vas-y, Papa, dis-la, l’encouragea l’enfant.

— Voilà… Avant que nous soyons réunis, toi et moi, je vivais seul. Parfois, je sortais avec Éric et David. On allait à La Chope, au cinéma ou à la pizzeria ensemble. Et puis, j’ai fait la connaissance d’Hélène. Et j’en suis tombé amoureux.

Là, le regard de François se perdit dans l’espace, s’embua.

— Continue, le sollicita Pierre doucement, au bout d’un moment.

— Un jour, pendant l’attaque d’une banque, Hélène a été tuée. Elle est morte dans mes bras. Ça a été très dur pour moi. Heureusement, il y avait David et Éric au boulot, et Marine quelquefois.

— Elle est gentille, Marine. Tu ne l’aimes pas ?

— Si, bien sûr, je l’aime bien. Mais ce n’est pas la même chose qu’avec Hélène… Tu vois, je t’avais dit que c’était compliqué une histoire de grandes personnes.

— Et c’est parce que c’est compliqué, que tu as bu beaucoup hier soir ?

— En un sens, oui. Hier, j’avais invité une jeune femme dans un bar. On a passé un bon moment et…

— Et quoi ?

— Le… le souvenir d’Hélène a… J’ai tout gâché.

— Je ne comprends pas…

— Eh bien… j’étais avec Clara et… et je me suis mis à penser à Hélène.

Pierre regarda son père d’un air grave : il semblait comprendre.

— On va à la plage ?

— Si tu veux, ça me changera les idées.

*

Après le dîner, ils s’installèrent devant la télévision. Mais, au bout d’une demi-heure, Pierre s’endormit. François le prit dans ses bras et monta le coucher.

Redescendu de l’étage, il enfila un blouson et sortit.

Il se rendit au Scottish Pub et, jetant, un regard circulaire sur la clientèle, se dirigea vers le comptoir.

— Bonsoir Mary !

— Bonsoir ! Qu’est-ce que je vous sers ?

— Un Perrier, s’il vous plaît. Dites, vous avez vu Clara ?

— Pas depuis qu’elle est sortie d’ici avec vous.

— Ah ! Et vous n’avez pas eu de ses nouvelles aujourd’hui ? Elle ne vous a pas téléphoné ? interrogea François en payant.

— Non. D’ailleurs, je ne vois pas pourquoi elle l’aurait fait. Et puis, je croyais qu’elle était toujours avec vous. Sa voiture est restée sur le parking depuis hier soir.

— Sa voiture… sur le parking ?

— Oui. Une petite Toyota de couleur bleu marine avec un autocollant représentant un oiseau sur la vitre arrière.

François avala le reste de son verre, empocha sa monnaie, sortit sur le parking. Il repéra la Toyota Yaris. Par réflexe professionnel, il vérifia la présence de l’autocollant ; sortant un mouchoir de sa poche, il actionna la portière côté conducteur : elle n’était pas verrouillée, il la referma doucement.

Il s’éloigna de la voiture, regagna la sienne et rentra au penty.

*

Les cours de voile de Pierre étaient finis, la cure de thalasso de François aux Cormorans aussi. On était samedi et les Paoli chargeaient leurs sacs dans l’Audi en attendant la venue de madame Cozic, leur logeuse.

— Papa, on n’est pas allés au grand phare. Tu avais dit qu’on irait !

— Je sais, je ne l’ai pas oublié. Dès qu’on aura rendu la clef à madame Cozic, on s’y rendra.

— Super !

Louise Cozic arriva un peu avant dix heures.

— Alors, ça s'est bien passé, la semaine ?

— Très bien, merci.

— Oh ! Mais tu as pris de bonnes couleurs, *ma faotr* ! dit-elle à Pierre. C'est vrai qu'il a fait beau ! Et chaud, *ma Doue* ! Mais, pour les tourisss – Louise parlait des touristes – c'est bien. Comme ça, y diront pas qu'il pleut tout l'temps en Bretagne !

— Je vous dois la location des draps et le ménage, dit François.

— C'est quarante-cinq euros.

— Je vous fais un chèque.

— Et vous reprenez le travail lundi ?

— Hélas !

— Ben, vous allez avoir chaud ! Dans quoi vous travaillez ?

— La sécurité, répondit rapidement François qui avait senti venir la question de Louise.

— Ah !

— Bon, eh bien merci et au revoir Madame !

— Au revoir Monsieur ! Au revoir, mon garçon !

Les portières claquèrent, l'Audi démarra.

François eut quelque peine à trouver une place à l'ombre.

Quand ce fut fait, il laissa les vitres légèrement ouvertes pour que le chien ait un peu d'air. Jumelles autour du cou pour François, appareil photo pour Pierre, ils se mirent en marche.

A peine les Paoli eurent-ils franchi la grille d'enceinte du phare d'Eckmühl que Pierre courut à la base des soixante-cinq mètres de l'édifice. Comme d'autres visiteurs, il renversa la tête en arrière, la main au-dessus des yeux pour ne pas être gêné par le soleil.

— C’est haut !

— Prêt pour la montée des marches ?

— Y’en a combien, Papa ?

— 307 ! lut son père sur un dépliant touristique.

— Tant que ça ? C’est beaucoup !

— Tu veux voir d’en haut ou pas ? Alors, il faut grimper ! dit François en poussant Pierre vers l’escalier en colimaçon.

Ils laissèrent passer un jeune couple puis mirent le pied sur la première marche.

— Une, deux, trois, quatre… se mit à compter Pierre.

Au fur et à mesure de la montée le pas se faisait plus lent, le souffle un peu plus court. Et Pierre, contraint de s’arrêter pour laisser descendre d’autres visiteurs, perdit son compte.

— Ouf, ça y est ! fit-il en mettant le pied sur l’encorbellement du phare.

— Oui, comme tu dis, lui répliqua François en arrivant à son tour. Alors, combien de marches as-tu comptées ?

Pierre signifia qu’il n’avait pas réussi à les totaliser.

— Tu fais une photo de moi, Papa ?

François s’exécuta.

— Attends, je fais une de toi !

L’appareil changea de mains. Le temps pour Pierre de tirer le portrait à François et ils admirèrent le paysage : la mer, les rochers des Étocs, le port de Saint-Guénolé et la campagne avoisinante..

Tandis que son fils photographiait les alentours, François s'accouda et regarda dans ses jumelles. Il n'eut aucun mal à localiser l'établissement de thalassothérapie où il venait de passer une semaine. Puis, suivant le chemin qu'il avait parcouru deux fois par jour, il repéra leur penty de location.

— Pierre, viens voir !

Tenant Pierre contre lui, il guida son regard du doigt, l'aidant par quelques indications verbales à voir le penty.

— On dirait une maison de poupée ! Je vais prendre une photo.

Aussitôt dit, aussitôt fait : le penty fut cadré.

— Qu'est-ce que tu regardes ?

— Oh, rien de spécial, mentit François dont le regard brun s'attardait sur le Scottish Pub qu'il avait trouvé dans la mosaïque du paysage.

Il constata que la Toyota Yaris de Clara était toujours garée sur le parking du bar.

Puis, se remémorant le trajet qu'il avait suivi pour s'y rendre, il essaya de trouver la maison de Clara : sans succès, une rangée de tamaris lui occultait la vue. Ils avaient beau ne pas être hauts, ils l'étaient suffisamment pour dissimuler ce que François avait envie de voir.

Tout en hochant légèrement la tête, il haussa imperceptiblement les épaules. Après tout, Clara était libre de faire ce qu'elle voulait avec qui elle voulait. Et si ça se trouvait, à l'heure qu'il était, François n'était peut-être même plus un souvenir pour elle.

— Je peux voir dans les jumelles, Papa ? Je te prête l'appareil photo en échange.

François accepta et regarda le compteur de l'appareil. Il restait cinq poses vierges sur le film. Il fit sortir le zoom au maximum du boîtier, pointa l'objectif sur le Scottish Pub et le photographia. Pour son second cliché, il le fit rentrer, élargissant ainsi les environs du bar.

— Papa, on monte à la lanterne ?

— Tu n'as pas vu l'affichette ? C'est fermé pour cause d'entretien.

— C'est dommage !

— Allez, viens ! Il est temps de redescendre.

*

Cela faisait deux jours que les Paoli avaient réintégré leur domicile. François avait repris le travail.

Ce jour-là, comme madame Coadou venait s'occuper du linge, François lui confia la garde de Pierre. Une fois qu'il fut parti, madame Coadou demanda :

— Tu veux bien m'aider, Pierre ?

— A quoi faire ?

— Tu vas m'apporter tout le linge sale que tu vas trouver. En attendant que ce soit fait, je vais faire la vaisselle. D'accord ?

— Oui. Mais où je mets le linge ?

— Ici, dans ces deux bassines, répondit-elle en les posant au sol. Et tu seras gentil de séparer ce qui est clair de ce qui ne l'est pas.

— D'accord !

Conscencieusement, le garçonnet effectua le tri demandé.

— Tout est là ?

— Je crois, oui… Ah, non, j'ai oublié les serviettes de plage ! Je vais les chercher. Elles ont dû rester dans le sac.

Pierre poussa la porte d'un réduit, en sortit un sac trop lourd pour lui qu'il traîna jusqu'aux bassines. Après en avoir fait glisser la fermeture Éclair, il y plongea ses petites mains. Deux slips de bain apparurent, puis une serviette et une autre. Il trouva un mouchoir dans une poche latérale, un t-shirt en boule dans une autre et…

— Oh, zut ! Il l'a oubliée…

— Qu'y a-t-il, Pierre ?

— Regardez. C'est une montre que j'ai trouvée.

Madame Coadou se pencha sur l'objet que Pierre avait posé sur la table de cuisine.

— Oh, mais c'est une Rolex !

— Une quoi ?

— Une Rolex, tu vois c'est écrit sur le cadran.

— Ah ! Je n'avais pas vu.

— C'est une montre très chère. Seul, quelqu'un de riche peut en acheter une. Tu disais à l'instant que ton papa l'avait oubliée…

— Oui, il m'avait dit qu'il devait la déposer quelque part.

— Sans doute à la gendarmerie ou à la mairie. Bon, on va la poser là, et tu lui en parleras quand il rentrera.

II

Pendant ce temps-là, à l'antenne de la police judiciaire quimpéroise, le capitaine Paoli se plongeait dans les affaires en cours sans grand enthousiasme.

— Un café, François ?

— Avec plaisir, dit-il en s'étirant.

Amaury Verdier tendit sa tasse à François Paoli.

— Alors, c'était comment, la thalasso ?

— Agréable.

— Oui, de se faire masser, je veux bien croire. Mais je pensais aux nanas…

— Efficaces.

— C'est tout ?

— Je n'ai pas envie d'en parler, Amos. Pas maintenant.

— D'accord, pas maintenant. Mais ne crois surtout pas que je lâcherai le morceau comme ça.

— Oh, pour ça, je te fais confiance !

Le fax venait de cracher une feuille. Paoli se leva, la tasse à la main.

— Qu'est-ce que c'est, cette fois ?

— Une relance de recherche de personne disparue.

— Qui ?

Au lieu de lire le nom du disparu à voix haute, Paoli donna le document à Verdier.

— Ah ! Loiseau…

— Loiseau… Pascal Loiseau ?

— Oui, il possède deux centres de thalassothérapie. Un sur la côte basque et l'autre ici, les Cormorans… Mais, dis donc, ce n'est pas là que tu étais ?

— Si.

Paoli avala son café et se rassit à son bureau.

— Qui a signalé sa disparition ?

— Sa mère, Gilberte Loiseau. Loiseau devait venir déjeuner chez elle, un dimanche. Il n'est pas venu. Elle a téléphoné chez lui, puis sur son mobile, sans résultat. Le lendemain, elle est venue ici déclarer sa disparition. Attends, j'attrape le dossier.

Verdier fouilla dans une pile et en extirpa le dossier Loiseau. Il l'ouvrit et le parcourut rapidement.

— Tiens, c'est écrit ici. Je cite : « *Mon fils est d'une ponctualité exemplaire. Quand il sentait qu'il serait en retard ou quand il avait un empêchement de dernière minute, il me prévenait toujours.* »

— Peut-être a-t-il été trop pris par ses affaires, simplement…

Verdier se resservit du café, en proposa à Paoli qui refusa.

— Comment était-elle ? Je parle de son comportement…

— Inquiète, bien sûr, mais elle arrivait à se contrôler.

— C'est toi qui l'as reçue ?

— Oui, avec Botrel. Bien sûr, on a interrogé Gilberte Loiseau sur les relations de son fils, sur ses habitudes. Le lendemain de son dépôt de plainte, alors qu'on allait partir, on a été prévenus de la découverte d’une voiture au port du Guilvinec par les gendarmes. Cela faisait cinq jours qu’elle n’avait bougé. Vérification faite, il s’agissait de la Mercedes de Pascal Loiseau.

— Je suppose que vous êtes allés sur place…

— Oui. Les techniciens d’investigation criminelle n’ont trouvé que les empreintes de son propriétaire sur la voiture. Le véhicule était fermé à clef. Ils l’ont fait ouvrir par un garagiste qu’ils avaient réquisitionné. Le mec a fait démarrer la Mercedes devant eux, ce qui implique que son immobilisation n’était pas due à une panne.

— Qu’a donné l’enquête de voisinage ?

— Pas grand-chose, pour ne pas dire rien. Les riverains sont pour la plupart des personnes âgées et des marins pêcheurs.

— Et personne n’a été foutu de dire quoi que ce soit sur la Mercedes ou son propriétaire ?

— Personne.

— Ça m’étonne !

— Et pourquoi donc ?

Et Paoli de raconter à Verdier son arrivée “surveillée” à sa location.

— Donc, je suggère que nous retournions là-bas…

— Tu veux dire que nous allons tout reprendre depuis le début ?

— Parfaitement, Amos !

— Oh non… geignit Verdier en lâchant son stylo.

— Et si ! Il y a forcément quelqu’un qui a vu quelque chose.

— Mais…

Le téléphone coupa la parole à Verdier.

— Salut la PJ !

— David !

— Dis, tu peux faire un saut à mon bureau ?

— Pas de problème.

— Je t'attends !

Peu après avoir reposé le combiné, le capitaine de la PJ quimpéroise poussait la porte de son collègue de la sécurité publique.

Face au lieutenant David Marchand, un couple occupait les deux chaises réservées aux visiteurs. Ils levèrent la tête et saluèrent l'arrivant.

— Salut François. Tu vas bien ?

— Salut !

Les deux policiers se serrèrent la main, puis David fit les présentations.

— Voici le capitaine Paoli. François, je te présente un couple d'amis de monsieur Loiseau, monsieur et madame Favre. Ils reviennent des Glénan. Comme tu es chargé de l'enquête sur la disparition de Loiseau, j'ai pensé qu'il serait important que tu entendes ces personnes.

— Je vous écoute, Monsieur Favre.

— Voilà. Ma femme et moi venons de passer deux jours aux Glénan. Nous étions en train de nous préparer à partir, quand les gendarmes maritimes sont arrivés pour effectuer un contrôle de sécurité. Comme nous étions en train de lever l'ancre, nous pensions naïvement y échapper. Ça n'a pas été le cas. Je ne craignais rien, je suis en règle… bref, passons. Tandis qu'un gendarme examinait mes papiers et mon équipement, un autre m'a demandé si j'avais vu un ou des membres d’équipage du Nérée. Le nom du bateau nous ayant fait réagir, Francine et moi, ils nous ont demandé si nous connaissions son propriétaire. Nous avons dit que oui, qu’il s’appelait Pascal Loiseau, mais que nous ne l’avions pas vu en arrivant.

— Après avoir terminé le contrôle de notre voilier, ils nous ont demandé de suivre leur Zodiac jusqu’au Nérée. Ils voulaient que nous identifiions formellement le bateau. On a levé l’ancre et Jacques a suivi le Zodiac des gendarmes au moteur.

— C’était bien la vedette de votre ami ?

— Oui, sans aucun doute.

— Êtes-vous montés à bord ?

— Non. En voyant la tache de sang qu’il y avait sur le plat-bord arrière, les gendarmes nous ont tenus à distance. Ils ont effectué toutes sortes de prélèvements, puis ils ont ouvert la cabine.

— A ce moment-là, on a cru qu’ils allaient nous annoncer une mauvaise nouvelle. Ils sont ressortis et nous ont déclaré que le Nérée était vide.

— Vous avez dû être soulagés… plaça David Marchand.

— Oui et non.

— Hum, je comprends, dit François Paoli en posant une fesse sur le bureau de David Marchand. Depuis quand connaissez-vous Pascal Loiseau ?

— Depuis le lycée.

— Que faites-vous dans la vie, monsieur Favre ?

— Je vends des équipements pour les piscines et les centres de thalassothérapie.

— Et vous, Madame ?

— Je m’occupe de la comptabilité de mon mari.

— Vous aviez donc des contacts réguliers avec monsieur Loiseau ?

— Professionnellement, oui.

— Et à titre personnel ?

— Nous nous voyions de temps à autre, selon nos disponibilités. Il pouvait se passer deux mois sans qu’on se rencontre, et aussi bien on se voyait trois fois de suite dans la même semaine.

— Donc, vous qualifieriez vos relations de cordiales…

— Oui, tout à fait.

Paoli abandonna sa posture, fit quelques pas.

— Monsieur Loiseau avait-il des ennemis ?

— Pas à ma connaissance.

— S’il en avait eu, pensez-vous qu’il vous en aurait parlé ?

— Oui, je crois…

— Bien, je vous remercie. David, je te laisse prendre leur déposition.

*

Le capitaine Paoli réintégra la PJ. Sans prendre le temps de s’asseoir, il composa le numéro de la gendarmerie maritime. On décrocha à la deuxième sonnerie. Paoli se présenta et exposa la raison de son appel.

— Vous avez de la chance, Capitaine, je faisais partie de la mission de ce matin. Adjudant-chef Mareuil. Le bateau était vide. Personne à bord. Deux de nos plongeurs se sont mis à l’eau. Ils ont commencé par prendre des photos de la coque du bateau ainsi que de l'environnement immédiat de son ancrage. A première vue, rien d'anormal, mais leurs recherches se poursuivent.

— Et à bord du bateau ?

— On a relevé plusieurs empreintes digitales, effectué quelques prélèvements à l'intérieur de la cabine et, bien sûr, on s'est occupé de la tache de sang présente sur le plat-bord arrière.

— Ah ! Bien… Donc, il faut attendre les résultats des analyses. Le plus tôt sera le mieux.

— Ne vous en faites pas. Les échantillons de sang partent tout à l'heure pour Nantes.

— Je compte sur vous pour me faxer les résultats dès que vous les recevrez. Merci de votre collaboration, Mareuil.

*

— Alors, qu'est-ce que ça a donné ? demanda David en croisant François dans un couloir.

— Pour l'instant, rien. Les gendarmes ont fait leur boulot, il ne me reste plus qu'à patienter.

— Tu as déjeuné ?

— Pas encore.

— Alors, allons-y !

D'un commun accord, ils délaissèrent la cantine au profit de la pizzeria de Luigi. Il était temps qu'ils arrivent, ils eurent la dernière table. Ils avaient convenu de ne pas parler boulot pendant le déjeuner, mais David, ayant axé la conversation sur son bateau, celle-ci avait peu à peu dérivé sur l'affaire Loiseau.

— Tu vas souvent aux Glénan, toi ? demanda François à son ami.

— Souvent… souvent… Ça dépend ce que tu entends par là. La plupart des Quimpérois qui possèdent un bateau, se rendent facilement pour le week-end aux Glénan…

— Donc, s'il y a du monde, ça fait autant de témoins.

— En principe, oui, mais les gens vont là-bas pour pêcher, plonger ou, tout simplement, pour le farniente.

— Donc, tu accrédites les paroles des Fabre…

— Tout à fait. Car, figure-toi qu'il m'est arrivé un truc semblable. Un jour que je quittais l'île de Groix, j'ai reconnu le bateau d'un voisin. Je m'en suis donc approché et, tu sais quoi ? il m'a dit que lui non plus n'avait pas remarqué le mien, pourtant on était là depuis trois jours, à quelques encablures l'un de l'autre.

David vida son verre.

— N'empêche… Ce ne serait pas plus mal d'avoir d'autres témoignages, dit François Paoli. Il faudra que je rappelle Mareuil. Café ?

*

De retour à son bureau, Paoli décrocha le téléphone et appela l'adjudant-chef Mareuil. Comme l'avait espéré le policier, le gendarme avait interrogé plusieurs occupants de bateaux mouillés aux Glénan, à proximité du Nérée.

— Je n'ai pas encore fait la synthèse, je ne suis donc pas en mesure de vous dire depuis quand le Nérée est aux Glénan.

— Je m'en doute, Adjudant-chef. Cependant, j'aimerais que vous me disiez s'il y a eu des témoins de son arrivée.

— Pour l'instant, non, nous n'en avons pas trouvé. Et je doute que nous le fassions. La rotation est importante dans cette zone.

— Ah ! Et... quelqu'un, parmi ces gens, a-t-il vu le propriétaire de la vedette ?

— Non.

— Vous êtes catégorique... émit Paoli avec une certaine prudence.

— Et pour cause. Par ce beau temps, la plupart passe leurs journées sur le pont de leur bateau, sur les plages ou dans l'eau. Ils ont donc été intrigués de ne voir aucun mouvement à bord du Nérée. Là-dessus, les propos recueillis sont unanimes.

— Bien, ce sera tout pour l'instant. Merci.

Paoli raccrocha. Le mystère de la disparition de Pascal Loiseau avait plutôt tendance à s'épaissir. Hormis l'inquiétante tache de sang relevée sur le Nérée, le Corse n'avait aucun indice pour orienter son enquête. Pire, il lui fallait attendre les résultats des gendarmes.

Sentant venir une migraine, il se rendit à la petite cuisine du local de la PJ en fouillant ses poches. C'est alors que ses doigts touchèrent la Rolex qu'il avait empochée le matin.

— Merde ! jura-t-il, autant à cause de la montre qu'il sortit de sa poche que de l'absence de ses cachets.

Il ouvrit des placards, des tiroirs, trouva enfin ses comprimés. Il en avala deux avec un reste de café froid puis alla s'asseoir à son bureau sur lequel il posa la

Rolex. Elle fonctionnait toujours. Il la considéra pendant quelques instants avant de se décider à ressortir en l'emportant.

Il traversa la rivière et longea les quais jusqu'à une bijouterie dont il poussa la porte. Une vendeuse l'accueillit d'un bonjour souriant.

— Bonjour. Capitaine Paoli de la PJ, se présenta-t-il en sortant sa carte.

— Que puis-je pour vous ?

— Je voudrais savoir à qui appartient cette montre, dit-il en la posant sur le comptoir.

— Un instant, je vais chercher monsieur Porel, le patron.

Elle disparut dans l'arrière-boutique et revint quelques instants plus tard avec le bijoutier.

— Bonjour, Capitaine. Veuillez me suivre.

Porel emmena Paoli dans son bureau et l'invita à s'asseoir.

— Fabienne m'a fait part de l'objet de votre visite.

La montre passa de la main de Paoli dans celle de Porel.

— Vous avez de la chance. C'est un modèle qui date de deux ans. Il me suffit de la démonter pour trouver son numéro de série. Ensuite, si cette montre a été achetée chez moi, je n'aurai qu'à consulter mon système informatique pour vous donner le nom de l'acquéreur.

— C'est assez urgent, pouvez-vous le faire tout de suite ?

— Bien sûr.

Sous le regard attentif du capitaine Paoli, le bijoutier démonta le boîtier de la montre. Puis, rabaissant la loupe qu'il portait sur le front devant son œil droit, il se mit à déchiffrer le numéro qu'il nota sur une feuille de bloc-notes.

— Voilà, j'ai le numéro entier, dit-il en se levant. Venez !

Il emmena le policier vers un ordinateur.

— Gisèle, voulez-vous voir si cette montre vient de chez nous ?

— Tout de suite, Monsieur. Dans quelle fourchette ?

— Il me semble que c'est un modèle qui a deux ans, mais, pour plus de sûreté, on va élargir à trois.

— D'accord.

Une fois qu'elle eut rentré ses données et ses critères de recherche, il ne fallut pas plus d'une poignée de secondes pour avoir la réponse.

— Le numéro que vous m'avez donné correspond à la montre de monsieur Pascal Loiseau. Vous avez son adresse, ici…

— Pouvez-vous me dire comment a été réglé cet achat ?

— Oui. Par carte bancaire.

— Par monsieur Loiseau lui-même ?

— Oui.

— Bien, je vous remercie. Au revoir !

*

François sortit de la baignoire, s'entoura la taille dans un drap éponge, entra au salon où Pierre regardait la télévision.

— Dis-moi, Pierre…

— Quoi ?

— Tu te souviens du jour où tu as trouvé la montre ?

— La Rolex ?

— Oui. Est-ce que tu te rappelles l'endroit où tu l'as ramassée ?

— Oui. C'était sous un banc, sur la dune. Pourquoi ?

— Comme ça... pour savoir, répondit François. C'est quoi, ton film ?

— *La Grande Vadrouille*.

François s'assit près de son fils et regarda la fin du film avec lui.

Lorsque le générique commença à défiler, François éteignit le poste.

— Allez, au lit, maintenant !

— Tu viendras me dire bonsoir ?

— Oui.

Quelques minutes plus tard, alors que François se penchait sur Pierre pour lui souhaiter une bonne nuit, l'enfant demanda :

— Tu as trouvé à qui elle était la montre ?

— Oui.

— Il devait être content que tu lui rendes sa montre, le monsieur. Madame Coadou dit qu'elle vaut cher.

— C'est vrai. Allez, dodo !

François tira la porte de la chambre et repartit au salon où il s'étendit de tout son long dans le canapé. Là, plongé dans la pénombre et le silence, il récapitula : « La montre à Penmarc'h, la Mercedes au Guilvinec, le Nérée aux Glénan... Si on était dans l'histoire du Petit Poucet, on pourrait penser aux cailloux semés en route. Sauf que Poucet voulait retrouver son chemin, alors qu'ici... ici, il s'agit d'un mec qui a disparu. »

*

Le capitaine Paoli entra dans les locaux de la PJ. Deux fax étaient déjà tombés : des diffusions nationales de portraits robots de délinquants notoires. Après y avoir jeté un vague coup d'œil, il s'installa derrière son bureau et ouvrit le dossier Loiseau.

Cela faisait une demi-heure qu'il était là, quand le lieutenant Verdier fit son entrée ; le fax cracha une nouvelle feuille.

— Salut, François ! Comment va ?

— Salut Amos ! Tiens, tu veux bien me donner le fax qui vient d'arriver ?

Amaury prit le document, le donna à François au passage et gagna sa place en demandant :

— Qu'est-ce que c'est, cette littérature ?

— Les résultats des relevés effectués sur le bateau de Loiseau.

— Qu'est-ce que ça dit ?

— Minute ! Tu ne me laisses pas le temps de lire !

Deux minutes plus tard, François releva le nez.

— Tu veux savoir ? Eh bien, les empreintes relevées sur le bateau appartiennent toutes à Loiseau.

— Toutes ?

— Sans exception.

Le capitaine Paoli fit pivoter son fauteuil tournant face à la fenêtre et regarda le ciel.

— Quelque chose ne va pas ? interrogea Verdier au bout de cinq minutes.

— Hein ? Oh, non… non, non…

Vingt minutes plus tard, Paoli se leva de son fauteuil.

— Allez, en route !

— En route ? Où allons-nous ?

— Au Guilvinec.

— Là, tout de suite ? Mais… il est midi moins vingt !

— Justement. Le temps qu'on fasse la route, on arrivera à l'heure du déjeuner. Idéal pour trouver les Guilvinistes chez eux.

Et il lança les clefs de la voiture de service à Verdier.

*

Ils terminaient leur deuxième enquête de voisinage : on n'avait rien vu de spécial et quand on l'avait aperçu, vaguement, on ne se souvenait pas du conducteur de la Mercedes abandonnée…

— On pourrait peut-être avaler quelque chose, suggéra Verdier en consultant sa montre. Qu'en dis-tu ?

Paoli acquiesça d'un hochement de tête et ils s'installèrent à une terrasse donnant sur le port.

— Bonjour !

— Bonjour ! Vous servez encore à manger à cette heure-ci ?

— Si vous vous contentez d'un sandwich ou d'une salade, oui. Voici les cartes.

— Tomates et mozzarella pour moi, dit Paoli.

— Salade paysanne, s'il vous plaît.

— Et comme boisson ?

Paoli opta pour de la Badoit, Verdier pour un demi bien frais. La serveuse revint quelques minutes plus tard avec leur commande.

— Vous faites la saison ? demanda Verdier.

— Pas seulement. Je travaille à l'année ici.

— Et vous avez du monde hors saison ?

— Bien sûr pas autant qu'en été, mais ça tourne pas mal, oui. La semaine dernière, on a fait le plein, le jour où les gendarmes sont venus pour la Mercé du parking. Je ne vois pas pourquoi, d'ailleurs. Elle ne gênait personne, le type s'était bien garé.

— Vous avez vu le conducteur de la Mercedes ?

— Oui. Pourquoi me demandez-vous cela ?

— Nous sommes de la police.

Paoli et Verdier sortirent leurs cartes professionnelles.

— Pas très bien, dit-elle en revenant à la question précédemment posée. Je veux dire pas de près, mais je l'ai vu.

— A quoi ressemblait-il ?

Verdier sortit un carnet et nota la description de la serveuse.

— Vous semblez l'avoir bien observé… Avez-vous remarqué quelque chose de particulier ?

— Particulier ? Comment ça ?

— Dans son attitude, par exemple.

— Oh, je vois. Non, il ne m'a pas semblé. Il a fermé sa voiture et il est parti vers les pontons en emportant un sac. Comme quelqu'un qui s'apprête à embarquer pour un tour en mer, quoi !

— Avez-vous vu le bateau sur lequel il est monté ?

— Non, car j'ai dû aller en salle pour dresser les tables.

— Eh bien, merci quand même. Vous nous avez été bien utile.

— A votre service ! Bon appétit, Messieurs !

— Merci !

— Il faut que je voie la mère de Loiseau, dit Paoli.

— Pour quoi faire ?

— Où habite-t-elle ?

— Quimper. Mais ne me demande pas l'adresse exacte, je ne m'en souviens pas.

— Et Loiseau ?

— Quimper également.

— Et tu ne te souviens pas de l'adresse non plus, c'est ça ?

— C'est ça.

*

Après avoir fait un détour à la PJ pour y récupérer l'adresse de Gilberte Loiseau, le capitaine Paoli reprit la voiture et se rendit chez elle non sans avoir pris la peine de vérifier que la dame s'y trouvait bien.

A peine eut-il pressé le bouton de sonnette, qu'il fut introduit par la maîtresse de maison.

— Vous avez des nouvelles de Pascal ? lui demanda-t-elle en le conduisant au salon.

— Pas encore. Mais un témoin affirme avoir vu votre fils garer sa voiture et se diriger vers les pontons du port de plaisance du Guilvinec-Léchiagat avec un sac.

— Seul ?

— Oui.

— Vous en êtes sûr ?

— C'est ce qu'a déclaré le témoin, et nous n'avons pas de raison de mettre sa parole en doute. Pourquoi cette question ?

— Parce qu’il sortait très rarement seul en mer.

— Savez-vous où il allait ?

— Cela dépendait du temps dont il disposait, bien sûr. Mais je sais qu’il est déjà allé à l’île de Groix, à Sein, mais aussi à Ouessant. Et, bien sûr, aux Glénan.

— Vous venez de dire qu’il emmenait du monde…

— Je me suis mal exprimée. Quand il partait, c’était avec “une” amie. Et ils faisaient une sorte de mini croisière pendant le week-end.

— Savez-vous pourquoi il avait choisi Le Guilvinec plutôt que Bénodet comme port d’attache ?

— Non, pas du tout.

— Vraiment ?

Gilberte Loiseau secoua la tête.

— Revenons au Nérée… D’après ce que j’en sais, il s’agissait d’une vedette rapide.

— Oui, c’est ça. Il ne lui fallait pas plus d’une heure pour rallier le port aux Glénan.

— Mais… comme votre fils a gagné quelques courses à la voile, j’aurais plutôt pensé qu’il possédait un voilier…

— Il en a eu un, mais ça fait bien deux ans de ça.

— Qu’en a-t-il fait ?

— Il l’a vendu.

— Pour quelle raison ?

— A cause de son bras droit. Un soir de réveillon, alors qu’il avait un peu bu, Pascal a fait une mauvaise chute. A la suite de celle-ci, il n’était plus capable de manœuvrer tout seul son voilier. Enfin, c’est ce qu’il a déclaré.

— Vous ne semblez pas y croire.

— Pas tellement, non. Je crois plutôt que le fric lui est monté au cerveau et qu'il voulait épater ses conquêtes. Mais… bon, ça ne me regarde pas. Et comme il gagne bien sa vie, libre à lui de faire ce qu'il veut de son argent.

— Bien sûr… fit Paoli, laconique.

Gilberte se leva.

— C'est l'heure de mon petit verre de porto. Puis-je vous offrir quelque chose ?

— Non, merci, Madame. Je vais vous laisser. Bien entendu, si nous avons du nouveau, nous vous ferons signe. Au revoir, Madame.

— Au revoir.

Elle n'attendit pas qu'il eût disparu de sa vue pour refermer sa porte.

*

Le capitaine Paoli était au téléphone quand le lieutenant Verdier fit son entrée.

— Du nouveau ? demanda Amaury quand François raccrocha.

— Non.

— Je vais faire du café, je n'ai pas eu le temps de déjeuner.

Amaury disparut dans la petite cuisine. Alors que l'eau commençait à couler sur la mouture, François pointa le bout du nez à la porte.

— Qu'y a-t-il ?

— Je viens de téléphoner à Gilberte Loiseau.

— Ah !

— Nous allons effectuer une visite domiciliaire de l'appartement de son fils.

— Quand ?

— Aussitôt après le café, répondit François en sortant deux tasses d'un placard.

— Le bateau de Loiseau n'ayant pas parlé, tu crois que son domicile va le faire ?

— Il y a de fortes chances, oui.

— Si tu le dis…

Moins de trente minutes plus tard, le capitaine Paoli et le lieutenant Verdier arrivaient au pied de l'immeuble où résidait Pascal Loiseau. Gilberte les y attendait en compagnie d'une amie.

— Il ne manque plus que le serrurier.

— Le voilà, dit Verdier en reconnaissant l'homme.

Le groupe monta au deuxième étage de l'immeuble.

— C'est la porte de droite, désigna Gilberte Loiseau.

— Ouvrez-la, ordonna Paoli.

Un rapide examen de la porte et de sa fermeture, quelques cliquetis d'outils, et le groupe pénétra chez Pascal Loiseau. Tout naturellement, comme si elle était chez elle, Gilberte guida François et Amaury.

— François ! Viens voir !

L'appel provenait de la cuisine dans laquelle Amaury Verdier s'était attardé. François Paoli s'y rendit, suivi des deux femmes.

— Qu'y a-t-il ?

— Regarde.

La porte du réfrigérateur était grande ouverte sur des grilles et des compartiments quasiment vides.

— Et les placards ?

— A part la vaisselle, peu d'épicerie.

— Ça ne m'étonne pas, plaça Gilberte. La dernière fois que j'ai parlé à mon fils, il m'a dit qu'il devait faire des courses.

— OK, on continue. Madame, s'il vous plaît...

Ils passèrent de la cuisine à une chambre dont Gilberte poussa la porte :

— Et voilà l'univers intime de mon fils. Tiens, il a changé la tapisserie... Pourtant, j'aimais bien celle d'avant, fit-elle à son amie qui se contenta de hocher la tête.

Mobilier de qualité dans un environnement sobre. Pour toute décoration, un tapis entre le lit et l'armoire et une marine accrochée au mur faisant face au lit.

Paoli ouvrit l'armoire en merisier.

— Approchez, Madame, et dites-moi si ce sont bien les vêtements de votre fils.

Gilberte commença par les pull-overs, acquiesça de la tête, puis fit glisser les cintres sur leur tringle de façon à faire un inventaire aussi précis que possible.

— Oui, oui, tout ça est bien à lui.

— D'accord. Nous pouvons sortir d'ici.

— Ou bien il a une femme de ménage que je lui envie, ou bien il ne met pas souvent les pieds chez lui, chuchota Verdier à l'oreille de son supérieur. T'as vu comme c'est propre ? Presque trop pour être honnête.

— Il s'agit peut-être d'un célibataire maniaque. Ça existe, tu sais, Amos.

— Oui, mais à ce point...

François Paoli désigna le secrétaire de Pascal Loiseau à Amaury Verdier.

— Jette un œil à son courrier…

— Que pensez-vous trouver dans les papiers de mon fils ?

— Des informations que vous ne devez pas être en mesure de nous fournir.

Verdier ouvrit des tiroirs, des classeurs, des dossiers. Il sortit un carnet de sa poche, nota le nom de la banque de Loiseau, son numéro de compte.

— Il possède un mobile, j'ai trouvé des factures. On pourra toujours essayer de l'appeler et, le cas échéant, le localiser grâce à son opérateur.

— Fais-le, ordonna Paoli qui se tenait devant le tiroir ouvert d'une console.

Quelques secondes après la composition du dixième chiffre, le mobile sonnait dans le tiroir. Et Verdier affichait sa déconfiture.

— OK, je n'ai rien dit, lâcha-t-il.

Gilberte Loiseau exprima sa stupéfaction :

— Je ne comprends pas… il se promène toujours avec. La fois où il l'a malencontreusement oublié derrière lui, il m'a fait une de ces comédies ! Tu étais là, Ginette, tu t'en souviens ?

— Oui, très bien.

— Bien. Vous avez vu toutes les pièces de l'appartement de votre fils, madame Loiseau… Avez-vous remarqué quoi que ce soit d'anormal ?

Avant de répondre, madame Loiseau regarda autour d'elle.

— Non, apparemment, il ne manque rien. Mais, pour être franche, je venais rarement ici.

— Ah, oui ? Et pourquoi ?

— Mais, regardez autour de vous ! Cette décoration et ce style minimaliste… On se croirait dans un musée ! On ose à peine s'asseoir de peur de froisser le tissu des fauteuils.

Paoli approuva d'un petit sourire entendu.

— Nous aurions besoin d'emporter son ordinateur et son mobile, émit Verdier à l'adresse de Gilberte Loiseau.

— Si vous pensez que cela peut faire avancer votre enquête, faites ! agréa celle-ci.

L'ordinateur portable fut débranché et placé dans son sac de transport.

— Et des CDR ? Il n'y en a pas ?

— Pas vu un seul, dit Verdier. Par contre, des films en DVD, oui. Bon, on a fait le tour…

— Pas complètement, il reste la salle de bains.

Là aussi, comme dans le reste du logement, ordre et propreté.

— Comment votre fils se rase-t-il ?

— Mousse et rasoir jetable. Il n'a jamais pu adopter le rasoir électrique.

François Paoli fit un rapide inventaire. Rien de ce qui pouvait être utile à la toilette d'un homme ne manquait.

— Bien, cette fois, la visite est complète. Je vous remercie de vous être déplacées, Mesdames.

Paoli et Verdier saluèrent madame Loiseau et son amie sur le trottoir, puis montèrent à bord de leur voiture de service.

— Ton impression, Amos ?

— C'est comme si on avait voulu laisser le minimum derrière soi avant de partir en vacances.

— Exactement la réflexion que je me suis faite.

— La seule chose qui me titille un peu, c'est la brosse à dents. J'imagine mal un type aussi méticuleux et ordonné partir sans elle.

— J'y ai pensé aussi.

Le lieutenant Amaury Verdier s'engagea dans le flot de la circulation.

— Et… ?

— Eh bien, si nous n'avions pas eu le témoignage de la serveuse du restaurant, au Guilvinec, j'aurais penché pour la thèse de l'enlèvement par des kidnappeurs méticuleux.

— On rentre ?

— Non. Va en ville, je voudrais aller à la banque de Loiseau.

Quelques minutes plus tard, Verdier se garait à proximité.

Ils pénétrèrent dans l'agence, demandèrent à parler au directeur, s'aidant de leurs cartes professionnelles afin d'obtenir rapidement satisfaction.

— Vous avez demandé à me voir, Messieurs ?

— Oui. Capitaine Paoli, lieutenant Verdier, PJ de Quimper.

— Suivez-moi.

L'homme les conduisit jusqu'à un bureau dont il ferma la porte.

— C'est à quel sujet déjà ? Monsieur Loiseau, c'est ça ?

— Plus exactement son ou ses comptes bancaires, oui.

— Ah ! Et que voudriez-vous savoir au juste ?

— Les mouvements qui y ont été faits, leurs montants et les dates précises de ces derniers.

— Puis-je savoir ce qui motive votre démarche, Capitaine ?

— La disparition de monsieur Loiseau.

— Vous n'êtes pas au courant ? demanda Verdier devant l'air interloqué du banquier.

— Heu… si, si… Mais cela m'était sorti de la tête. Bien… vous avez son numéro de compte ?

François Paoli le lui dicta. Il le saisit sur son clavier, attendit une ou deux secondes que les données s'affichent sous ses yeux.

— Vous est-il possible de nous imprimer l'état actuel ?

— Bien sûr !

Un clic de souris et une feuille sortit. Le directeur la tendit aux policiers. Ils se penchèrent immédiatement sur le document bancaire.

— Joli solde ! constata le lieutenant Verdier.

— Monsieur Loiseau est un de nos bons clients, en effet.

— Il nous faudrait aussi le relevé du mois précédent.

Nouveau clic de souris, nouvelle feuille.

— Que cherchez-vous, Messieurs ?

— Nous voulons savoir si quelqu'un a exercé un quelconque chantage sur monsieur Loiseau avant sa disparition.

— Cela n'a pas l'air d'être le cas, les retraits effectués ne sont pas très importants.

— Sur son compte courant, non, mais voyez plutôt son compte épargne, dit le directeur en faisant glisser une troisième feuille imprimée. Vous voyez ? En mai, juin et juillet, il a sorti trois mille euros. Et on ne les retrouve pas sur le compte courant.

— Hon, hon, je vois, fit Paoli, laconique.

— Et les retraits de son compte épargne…

— …Ont été effectués par carte bancaire, compléta le directeur.

— Donc au distributeur automatique qui, j'imagine, est surveillé en permanence par une caméra de vidéo-surveillance. Combien de temps gardez-vous vos enregistrements ?

— Deux mois. Vous voudriez les voir ?

— Seulement ceux concernant les deux derniers retraits de Loiseau. Celui-ci et celui-là, indiqua Paoli en pointant ce qui l'intéressait.

*

Ils remontèrent en voiture.

— Au moins, on est sûrs d'une chose.

— Oui, c'est que c'est bien Loiseau qui a utilisé sa carte au distributeur. Et il n'avait pas l'air d'un homme inquiet, seulement un peu préoccupé. J'ai demandé au directeur de nous contacter si de nouvelles opérations bancaires avaient lieu.

— Et maintenant, que faisons-nous ?

— Ça suffit pour aujourd'hui.

Alors qu'ils patientaient à un feu rouge, François se tourna vers Amaury :

— Dis donc… quand tu as parcouru le courrier de Loiseau, tu as vu des lettres ?

— A part de l’administratif, rien. Même pas une carte postale. Et je n’ai pas vu une seule photo non plus.

— Chez moi, non plus, il n’y a aucune photo en exposition, dit François. Simplement parce que je n’aime pas ça. Par contre, je garde une carte postale ou deux en vue pendant quelque temps.

— Et ensuite, qu’en fais-tu ?

— Pierre les collectionne dans un album.

— Celles qui te sont adressées aussi ?

— Oui. Une fois que j’y ai répondu, je la lui donne.

— Je n’ai vu aucun album d’aucune sorte chez Loiseau, fit Amaury au bout d’un temps de réflexion. C’est bizarre, tu ne trouves pas ?

— Si, ça ajoute à l’impression de vide qui se dégage de l’appartement.

— Elle t’a parlé de la vie de son fils, la vieille ?

François secoua la tête :

— Je ne l’ai pas questionnée beaucoup sur ce sujet-là. Par contre, quand je suis allée chez elle, j’ai vu des photos de son fils au salon.

— Sans doute parce qu’elle est fière de lui.

— Au fait, il est fils unique ?

— *Yes.*

*

Le lit de François ressemblait à un champ de bataille. A cause de la chaleur nocturne et des cauchemars qui avaient peuplé ses rêves et interrompu plusieurs fois son sommeil.

A neuf heures trente, lorsque Pierre poussa la porte

de la chambre de son père, il le trouva endormi en travers du lit, le corps moite, les cheveux collés au front.

— Papa ! Papa !

— Hon…

— Papa, téléphone pour toi… Monsieur Verdier, annonça Pierre.

L'appareil passa de la main de Pierre à celle de François qui répondit, les yeux fermés :

— Oui… Non. Pas ce matin… C'est ça.

Juste ces quelques mots et il coupa la communication.

— Je remets le téléphone à sa place ou tu le gardes ? demanda Pierre.

— Ne crie pas comme ça, veux-tu ?

— Mais… je n'ai pas crié, se défendit l'enfant en baissant le ton.

— Tais-toi et laisse-moi.

— Et Jules ? T'as oublié que j'allais chez lui ?

— Plus tard. Laisse-moi, répéta François. Et tâche de ne pas faire de bruit, d'accord ?

— Oui, répondit Pierre d'une toute petite voix en refermant la porte.

Silence. Obscurité. Tranquillité.

Vers onze heures, pris de nausées, François sortit de la chambre, tituba vers les toilettes et retourna se coucher. A midi et demi, son père n'ayant pas reparu, Pierre abandonna son jeu. Il entrebâilla la porte aussi doucement que possible.

— Il doit avoir une sacrée migraine, il dort encore, chuchota-t-il au chien qui se tenait près de lui. Bon, eh bien, je vais voir ce qu'il y a dans le frigo.

Le labrador suivit l'enfant à la cuisine. Pierre ouvrit le réfrigérateur, prit le reste de salade de riz au thon de la veille et se mit à table.

Quand il eut fini son yaourt et que son couvert eut quitté la table pour l'évier, il donna un coup d'éponge pour ramasser ses miettes de pain et les jeta sur le balcon.

— Tu as bien fait de manger, entendit-il dans son dos.

Il se retourna. François était appuyé à un des montants de la porte-fenêtre de la cuisine, tenant un verre d'eau à moitié vide.

— La maman de Jules a appelé vers onze heures pour savoir si je venais cet après-midi.

— Que lui as-tu répondu ?

— Que je ne savais pas.

François tourna les talons, alla jusqu'au téléphone, appela la mère du copain de Pierre. Au terme d'une brève conversation, il dit :

— Je me prépare et je te dépose chez Jules.

— Oui ! Chic !

*

Quand le capitaine Paoli franchit la porte de l'antenne de la PJ, le lieutenant Verdier leva les yeux d'un dossier.

— Salut François !

— Salut !

— Nuit blanche ?

— Migraine.

— Ah ! Et ça va mieux ?

Paoli répondit d'un haussement d'épaules, se servit un café et s'installa dans son fauteuil pivotant. Verdier lui laissa le temps de boire avant de demander :

— Bon, quelle est la suite du programme ?

— L'entourage de Pascal Loiseau. Il est fils unique, sa mère est veuve, pas d'autre famille dans le coin. Nous allons donc nous attaquer à ses relations amicales et professionnelles. Son ordinateur et son mobile ont parlé ?

— Pas encore. Tu as oublié que c'est l'été ? La moitié des gens sont en congé…

— Et alors, l'autre moitié est incapable de bosser ?

— Ce n'est pas ce que j'ai voulu dire. Simplement que, si les amis de Loiseau ont quitté la région, on ne va pas pouvoir les questionner.

— Il reste l'entourage pro. Allez, en route !

A peine avait-il donné l'ordre de partir que le capitaine Paoli prenait les clefs d'une voiture de fonction et sortait. Le lieutenant Verdier se leva précipitamment et le suivit. Il ne leur fallut pas moins de trois quarts d'heure avant d'atteindre Saint-Guénolé. N'ayant pas d'autre choix, Paoli dut garer la voiture à une cinquantaine de mètres des Cormorans.

— Il y a toujours autant de monde ici ?

— Tu me l'as rappelé tout à l'heure, Amos. C'est les vacances.

Paoli poussa la porte vitrée de l'établissement, Verdier sur les talons. L'hôtesse de la réception les accueillit avec un franc sourire.

— Bonjour Messieurs !

— Bonjour !

— Vous désirez quelques renseignements au sujet de nos prestations ?

— Pas exactement, dit Paoli en sortant sa carte.

— La police ? fit l'hôtesse, incrédule. Un moment, je vais chercher monsieur Cadiou.

Elle se leva, disparut quelques minutes, revint avec un homme d'une cinquantaine d'années, bronzé, vêtu d'un pantalon beige et d'une chemisette blanche en lin.

— Jean-Yves Cadiou, se présenta-t-il en tendant la main aux deux policiers. Que puis-je pour vous ?

— Vous avez sans doute un endroit où nous pourrions parler tranquillement…

— Bien sûr, suivez-moi.

Jean-Yves Cadiou les introduisit dans un bureau et leur désigna des chaises.

— Je vous écoute.

— Voilà. Dans le cadre de notre enquête sur la disparition de Pascal Loiseau, nous aimerions entendre le personnel.

— Tout le personnel ? Parce que je vous préviens tout de suite, cela représente une trentaine de personnes, des hydrothérapeutes jusqu'à l'homme d'entretien. Vous vous en doutez, tous ne sont pas présents aujourd'hui.

— Eh bien, on va interroger ceux qui sont là. A commencer par vous.

— Bien, que voulez-vous savoir ?

Cadiou se présenta comme étant le bras droit de Loiseau.

— Si je n'avais pas été là, les Cormorans n'existeraient pas.

— Que voulez-vous dire ?

— Avant d'être un centre de thalassothérapie, c'était un hôtel dont j'étais le propriétaire. Il y a six ans de ça, j'ai eu la visite d'une commission d'hygiène et de sécurité. A l'issue de cette visite, la liste des travaux à effectuer pour remettre l'hôtel aux normes était si importante que je n'avais pas les moyens de les entreprendre. J'ai donc mis l'hôtel en vente. Trois mois plus tard, un acquéreur se présentait en la personne de Pascal Loiseau. Nous avons fait affaire ensemble.

— Soit. Mais comment êtes-vous devenu son bras droit ?

— Voyant à quel point j'étais attaché à mon établissement et après avoir examiné mes comptes, il m'a proposé un marché… Je faisais mes preuves quant à la comptabilité, moyennant quoi, au bout d'un an, je devenais actionnaire des Cormorans à hauteur de 20%. J'ai accepté.

— Il n'y a jamais eu de litiges entre vous ?

— Non, aucun. Cela a d'ailleurs étonné beaucoup de monde. Mais c'est comme ça.

— Quand avez-vous vu monsieur Loiseau pour la dernière fois ?

— La veille de mon départ en vacances. J'ai appris sa disparition à mon retour d'Espagne.

— Comment avez-vous réagi ?

— Je n'y ai pas cru. Et je vous avoue que j'ai encore peine à y croire.

— Comment était-il ce jour-là ?

— Comme d'habitude.

— Il ne manifestait aucune inquiétude, aucune nervosité ? Pas de signes dépressifs ?

— Non. Peut-être un peu moins loquace, mais il revenait du Pays Basque. Il était fatigué par le trajet qu'il venait de faire.

— Vous souvenez-vous de votre sujet de conversation ?

— Ma foi… pas vraiment. Je me rappelle que nous avons évoqué l'extension du centre, mais c'est à peu près tout.

— Que pourriez-vous nous dire au sujet des fréquentations féminines de monsieur Loiseau ?

— Voyait-il quelqu'un régulièrement ?

— Honnêtement, je ne saurai répondre. Par contre, ce que je peux vous dire, c'est qu'il jouait de son physique avantageux pour draguer.

— Où allait-il ?

— Je ne sais pas. Pascal et moi entretenions des relations plus professionnelles qu'amicales, même si celles-ci étaient cordiales.

Paoli hocha la tête.

— A présent, veuillez convoquer les employés afin que nous puissions leur parler, demanda Verdier.

*

Les deux officiers de police judiciaire commencèrent par auditionner les hommes. Puis vint le tour des femmes. L'âge de la plupart d'entre elles était situé dans une fourchette allant de 25 à 40 ans. Toutes s'accordaient à dire que le directeur des Cormorans était quelqu'un de gentil et de charmant, certaines avançant que tous les patrons devraient lui ressembler.

Arriva Yvette, une rousse, dans la quarantaine.

— Asseyez-vous, l'invita Amaury Verdier.

— Quel emploi occupez-vous ?

— Je suis secrétaire, attachée à la clientèle.

— Parlez-nous un peu de votre patron.

— Pasc… Monsieur Loiseau ? se rattrapa-t-elle aussitôt. Que voulez-vous savoir ?

— Tout. Tout ce que vous nous direz pourra nous être utile.

— Eh bien… j'ai été embauchée il y a cinq ans. Par monsieur Loiseau, lui-même. J'étais à la recherche d'un emploi en tant que secrétaire médicale. Cela faisait des mois que j'envoyais des CV un peu partout et que les rares réponses qui me revenaient étaient négatives, quand j'ai postulé aux Cormorans. Je n'étais pas seule à le faire, vous l'imaginez bien. Le jour où j'ai été convoquée pour un entretien, nous étions vingt !

— Que pensez-vous de monsieur Loiseau ?

— En tant qu'employeur ?

Ainsi que d'autres l'avaient fait avant elle, Yvette brossa le portrait d'un patron exemplaire, gentil, compréhensif.

— Et en tant qu'homme ?

— Il est bel homme. Il a beaucoup de charme.

— Y avez-vous succombé ?

— Pardon ?

— Vous avez très bien entendu.

Le capitaine Paoli qui avait laissé le lieutenant Verdier poser les dernières questions, nota le trouble d'Yvette.

— Veuillez répondre à la question de mon collègue, dit-il.

Le regard de la secrétaire alla d'un policier à l'autre pour, finalement, se baisser.

Yvette garda le silence pendant quelques secondes, puis, redressant la tête, dit :

— Oui. Un soir que ma voiture était en panne, il m'a ramenée chez moi. Je l'ai invité à prendre un verre pour le remercier. La suite est facile à deviner.

— Il n'est reparti de chez vous que le lendemain matin, c'est ça ?

Yvette approuva de la tête.

— Combien de temps votre liaison a-t-elle duré ?

— Un an, à peu près…

— Qui y a mis fin, lui ou vous ?

— Moi.

— Pourquoi ?

— Il me trompait…

— Êtes-vous allée sur son bateau ?

— Oui, quelquefois. C'est d'ailleurs au cours d'une traversée jusqu'aux Glénan, que j'ai eu la puce à l'oreille pour la première fois.

— Expliquez-vous.

— J'ai trouvé un foulard en soie sous le matelas d'une couchette. Quand je le lui ai montré, il m'a dit qu'il appartenait à sa mère.

— Et vous ne l'avez pas cru…

— Non.

— Pourquoi ?

— Madame Loiseau a le mal de mer, c'est elle-même qui me l'a dit, un jour.

— Bien. Donc, vous mettez un terme à votre relation amoureuse avec monsieur Loiseau… Mais, dites-moi, cela n’a-t-il pas interféré dans vos relations professionnelles ?

— Un peu, si… Mais j’ai eu la chance de partir en vacances deux semaines après notre rupture.

— Et à votre retour ?

— J’ai repris le travail comme s’il ne s’était rien passé.

Il y eut un petit silence, puis le capitaine Paoli reprit :

— A votre connaissance, Madame, monsieur Loiseau aurait-il exercé son charme sur d’autres employées des Cormorans ?

— Oui… répondit Yvette sans hésiter un seul instant.

— Nombreuses ?

— Deux.

— Pouvez-vous me donner leurs noms ?

— Patricia Collet et Clara Morvan.

— A quels postes sont employées ces personnes ? interrogea le lieutenant Verdier.

— Patricia est la diététicienne du centre. Clara est hydrothérapeute.

— Mais, dites-moi, comment pouvez-vous affirmer de tels faits ?

— Les choses se savent vite par ici, répondit Yvette en tournant les yeux vers François Paoli.

Ses mots ajoutèrent un peu au trouble ressenti par le capitaine de PJ depuis qu’il avait entendu le nom de Clara.

Cependant, Paoli parvint à ne rien laisser paraître.

— Donc, nous ne devrions avoir aucun mal à obtenir confirmation de vos dires…

— Je ne pense pas, non. D'autant que Pascal et Clara ont été surpris dans les bras l'un de l'autre au hammam, par Jeanne, une femme de ménage.

— Eh bien, ce sera tout, Madame. Merci.

Elle se retira, céda la place à la responsable des ressources humaines des Cormorans. Armelle Porte était une femme d'âge mûr, à laquelle le tailleur qu'elle portait conférait un air strict. Avant même de saluer les deux officiers de police, elle lâcha :

— Décidément, c'est le jour ! Je reviens tout juste de la gendarmerie du Guilvinec et qu'est-ce que j'apprends ? Que la police est ici ! Vous avez des nouvelles de mademoiselle Morvan ?

— Pardon ?

Cette fois, le capitaine Paoli n'avait pas pu s'empêcher de réagir.

L'instant qui suivit fut teinté de surprise, d'incompréhension.

— Non ? Vous n'êtes pas là pour ça ?

— Mais, pour quoi, madame Porte ? Que voulez-vous dire ?

— Nous sommes là pour enquêter sur la disparition de votre directeur, monsieur Loiseau.

— Oh ! Oui, bien sûr… Comme je viens de vous le dire, je rentre de la gendarmerie où je suis allée déclarer la disparition de Clara Morvan.

— Depuis quand ? Et êtes-vous seulement bien sûre qu'elle a disparu ?

Armelle Porte donna la date, puis expliqua :

— Clara Morvan est une employée irréprochable, ponctuelle, assidue à son travail. Et son efficacité n'a d'égale que sa gentillesse. Rares sont les clients dont elle s'est occupée qui ne la réclament pas lorsqu'ils reviennent en cure chez nous.

— Mais... pourquoi êtes-vous allée à la gendarmerie, Madame ?

— Parce qu'elle n'a adressé aucun certificat d'arrêt de travail, qu'elle n'a pas appelé pour nous prévenir et que son téléphone sonne dans le vide. Y compris son mobile. Cela ne lui ressemble pas.

— Vous êtes-vous déplacée jusqu'à chez elle ?

— Bien sûr, et j'ai sonné plusieurs fois, pour rien. D'où mon inquiétude.

— Nous comprenons bien, Madame, mais avez-vous cherché à joindre sa famille ?

— Aussi, oui. Mais j'ai appris que les Morvan sont en voyage.

— Que vous ont dit les gendarmes ?

— Qu'ils allaient faire le nécessaire.

*

Quand ils eurent fini d'entendre Armelle Porte, ils reprirent leur voiture. Paoli céda le volant à son collègue et se laissa aller contre l'appui-tête en fermant les yeux.

— Encore la migraine, François ?

— Oui.

Au bout de six kilomètres, Verdier jeta un coup d'œil à son passager.

— Je peux te dire un truc ?

— Vas-y, je t'écoute.

— Tu ne trouves pas bizarre, toi, que quelques jours après la disparition de Pascal Loiseau, on apprenne celle d'une de ses employées ?

— Si.

— Moi aussi. Et vu que la belle a été la maîtresse du monsieur, je me demandais s'ils n'avaient pas combiné un coup quelconque tous les deux. Qu'en penses-tu ?

— Crois pas... répondit Paoli d'une voix tout juste audible.

Les réponses laconiques de Paoli n'incitèrent guère son collègue à poursuivre le dialogue.

Une fois la voiture rangée, tous deux remontèrent à la PJ. Tout en composant le numéro de téléphone de la Brigade de Recherches de la gendarmerie, Paoli avala deux comprimés pour combattre sa migraine. Comme l'officier qu'il eut en ligne pouvait le recevoir immédiatement, il enjoignit le lieutenant Verdier de le suivre.

Quelques minutes plus tard, ils étaient introduits dans un bureau.

— Capitaine Paoli, lieutenant Verdier.

— Lieutenant Violay, se présenta l'officier. Asseyez-vous.

— Voilà. Nous revenons de Saint-Guénolé où nous étions allés interroger le personnel du centre de thalasso Les Cormorans.

— Ah, c'est vous qui êtes chargés de l'enquête sur Pascal Loiseau ?

Verdier acquiesça, puis Paoli raconta comment ils avaient appris la disparition de Clara Morvan.

— D'après une secrétaire, le disparu sur lequel nous enquêtons aurait eu une liaison avec cette jeune femme.

— Vous dites "aurait eu", Capitaine. Vous n'en êtes pas sûr ?

— Heu… si… il y a eu un témoin…

— Que vous avez entendu ?

— Pas encore. La personne était de repos aujourd'hui. Mais je compte retourner là-bas demain pour l'interroger.

Violay se leva, fit quelques pas, les mains dans le dos, et se retourna :

— Qu'attendez-vous de la BR au juste ?

— Ni plus ni moins que sa coopération. L'affaire sur la disparition de Loiseau m'a été confiée, les gendarmes du Guilvinec vont enquêter sur celle de mademoiselle Morvan. Je voudrais donc être informé de leurs progrès.

— Parce que vous pensez que les disparitions de ces deux personnes sont liées ?

— Disons que, pour l'instant, mon collègue et moi trouvons la coïncidence plutôt étrange, répondit Amaury Verdier.

— Savez-vous si les gendarmes du Guilvinec se sont rendus chez mademoiselle Morvan ?

— Aucune idée. Nous n'avons pas eu de contact avec eux.

— Bien. Un instant.

Le lieutenant Violay composa un numéro de téléphone.

— Lieutenant Violay de la BR de Quimper. Puis-je parler au major Garo, je vous prie ?

Politesses d'usage, puis Violay entra dans le sujet, branchant le haut-parleur afin que les deux policiers puissent suivre la conversation. C'est ainsi qu'ils apprirent que, par manque d'effectif, les gendarmes du Guilvinec n'avaient programmé leur perquisition que pour le lendemain à la première heure, mais qu'ils avaient lancé un avis de recherche sur Clara Morvan et ses parents et une diffusion du portrait de celle-ci.

— Demandez au major s'il voit un inconvénient à ce que je l'accompagne.

Violay transmit, Garo répondit :

— Pas du tout.

— Le capitaine Paoli vous remercie, Major, dit le lieutenant Violay avant de raccrocher.

*

Sitôt sorti de la gendarmerie, Paoli sortit son téléphone mobile. Lorsqu'il l'éteignit, il avait obtenu l'autorisation du parquet d'assister à la perquisition des gendarmes au domicile de Clara Morvan.

— Bon, je me tire, Amos. A demain !

— Hé, attends !

— Quoi ?

— Je t'accompagne demain ou pas ?

— Oui, je te déposerai aux Cormorans pour que tu interroges la femme de ménage.

Le capitaine Paoli quitta le lieutenant Verdier sur le trottoir. Il gagna son Audi, se mit au volant et prit la direction de La Chope, son bar préféré.

Marcel avait sorti quelques tables en terrasse.

— Tiens, François ! Salut !

— Salut, Marcel !

— Qu'est-ce que je te sers ?

— Un Perrier.

— Ça ne va pas ? demanda Marcel plus habitué à lui servir du whisky que de l'eau gazeuse.

— Avec une rondelle de citron, éluda François.

— Tout de suite.

Car Marcel était ce genre d'homme à ne pas insister quand il sentait que ce n'était pas le moment. Aussi effectua-t-il un rapide aller et retour pour satisfaire son client. Il rendit sa monnaie à François, débarrassa des tables, replia et ramassa ses parasols devenus inutiles.

Alors qu'il avait bu la moitié de son Perrier citron, deux femmes engagées dans une conversation animée s'assirent non loin du Corse.

— Tu comprends, on n'est plus tranquilles, Georges et moi. L'autre jour, c'est une employée de la boulangerie qui l'a trouvée au bord de l'étang et qui l'a ramenée chez elle.

— Tu t'inquiètes peut-être à tort. Ta mère aura voulu prendre l'air et, comme il faisait chaud, il est normal qu'elle se soit approchée de l'eau pour s'y rafraîchir.

— Je viens de te dire que ce n'était pas la première fois qu'elle disparaissait.

— Mais elle n'a pas disparu puisqu'on l'a retrouvée ! Et, enfin, quoi, elle a bien le droit de sortir de chez elle et d'aller où bon lui semble, non ?

Elles s'interrompirent le temps de commander, puis :

— Tu as fait venir le médecin récemment, il me semble… Que t'a-t-il dit ? T'a-t-il parlé de la maladie d'Alzheimer ?

— Heu… non.

— Et ta mère te reconnaît toujours ?

— Oui.

— Et elle ne radote pas ?

— Oh, que non !

— Eh bien, alors, tu vois, tu te fais du souci pour peu de chose !

— Quand même... Je n'aime pas qu'elle disparaisse comme ça, sans prévenir. Tu sais...

Une mobylette pétaradante passa, couvrant la suite de la phrase et martyrisant le cerveau migraineux de Paoli qui fit la grimace.

— Tu ne crois pas plutôt que ça pourrait être le contraire ?

— Je ne te suis pas...

— Tu vas la voir tous les jours ou presque. Tu lui fais des courses... Tu lui prends ses rendez-vous chez le coiffeur ou bien tu l'accompagnes pour acheter une paire de chaussures... Tu lui organises des tas de trucs... Ne nie pas, tu me l'as dit !

Après une gorgée d'Orangina, elle reprit :

— Moi, à la place de ta mère, j'étoufferais ! Ça ne m'étonne pas qu'elle ait envie d'un peu de liberté. Je sais que tu veux faire au mieux, mais tu peux faire bien sans en faire autant. Laisse donc ta mère respirer un peu !

François vida son verre et quitta la terrasse de La Chope.

III

Le capitaine Paoli déposa le lieutenant Verdier devant Les Cormorans.

— Comme il y a de fortes chances pour que tu aies fini avant moi, tu n'auras qu'à m'attendre au café, là-bas, Amos.

— D'accord, à tout à l'heure !

Et il prit la route menant chez Clara. En arrivant, il constata que les gendarmes n'étaient pas encore là. Il sortit de voiture et pénétra dans le jardin. Alors qu'il finissait de faire le tour de la propriété, il nota la présence de deux véhicules. Il ne les avait pas entendus arriver. Il alla au devant des gendarmes.

— Capitaine Paoli, PJ de Quimper, se présenta-t-il en exhibant sa carte.

— Major Garo, le salua ce dernier. Nous n'avons trouvé qu'une seule personne pour nous servir de témoin. Les autres habitants du quartier sont partis au marché ou, pour les touristes, en excursion.

— Eh bien, s'il ne s'agit que de cela…

— Je n'en attendais pas moins de vous, le coupa Garo. Permettez-moi de vous rappeler que vous n'êtes ici qu'en tant que témoin et que, de ce fait, vous n'êtes pas autorisé à toucher quoi que ce soit.

— C'était inutile, Major, je m'en doutais.

D'un hochement de tête, le major fit signe à ses

hommes d'ouvrir la maison. En moins de cinq minutes, le groupe constitué des gendarmes, de Paoli et de l'autre témoin se retrouva dans la maison de Clara Morvan.

L'entrée donnait directement sur une grande pièce à vivre, meublée de fauteuils de styles différents, de tables gigognes, d'un canapé placé en face d'un foyer fermé. A une extrémité de la pièce, un coin cuisine aménagé.

— Tout est en ordre ici, pas de vaisselle sale dans l'évier, Major, annonça un gendarme qui s'y était rendu.

— Bon, continuons.

Tandis qu'on effectuait des prélèvements à divers endroits de la pièce, le major Garo entraîna ses témoins et deux hommes à l'étage.

— D'abord la chambre, décida-t-il.

Il poussa deux portes, celle d'une buanderie et celle d'une pièce vide. Lorsqu'il ouvrit une troisième, en déclarant que c'était certainement la chambre de mademoiselle Morvan, le capitaine Paoli retint sa respiration. Depuis plusieurs dizaines de secondes, l'idée qu'on eût pu découvrir le corps sans vie de Clara chez elle, s'était insinuée dans son esprit. Et cette appréhension durait d'autant plus que le major Garo restait dans l'encadrement de la porte.

— Qu'y a-t-il ? demanda enfin le capitaine de police.

— Rien, voyez vous-même, répondit-il en s'effaçant légèrement.

Effectivement, à part quelques vêtements rangés sur un valet de chambre et une tenue étalée sur la couette négligemment rabattue sur le lit, la chambre était en ordre. Le major Garo inspecta les vêtements posés sur le lit avec circonspection après avoir enfilé des gants.

— Apparemment, ils sont intacts. Elle aura hésité entre deux tenues et délaissé celle-ci, dit-il en avisant la porte béante d'une penderie. On va quand même y faire des relevés d'ADN.

Il s'approcha d'une commode qu'il inspecta.

— Aucun désordre, commenta-t-il. Bon, passons à la salle de bains.

— C'est en face, l'informa-t-on.

La pièce était lumineuse, dans des tons de jaune clair et de vert pastel. Dans un coin, une cabine de douche. Par pure formalité – car on devinait qu'il n'y avait personne derrière – le major fit coulisser les portes translucides. Il revint ensuite devant le meuble supportant la vasque. De part et d'autre de celle-ci, on pouvait voir divers produits de beauté, un peigne et une brosse à cheveux, un verre contenant un tube de dentifrice et... deux brosses à dents.

— Vivait-elle avec quelqu'un ? demanda le major à la voisine qui servait de témoin.

— Pas que je sache... Mais je ne suis pas au courant de tout, vous savez...

De son regard ténébreux, le capitaine Paoli chercha un élément susceptible de trahir une présence masculine : aucun. A part l'une des brosses à dents.

— Vous m'ensachez les brosses à dents et la brosse à cheveux, ordonna le gendarme à un des techniciens. Et vous me faites des relevés d'empreintes également, surtout sur la robinetterie et les sanitaires.

— A vos ordres, Major.

Le major Garo continua et termina l'inspection de la salle de bains, puis redescendit avec ses témoins. Il remercia la femme et attendit qu'elle se fût éloignée pour se tourner vers le capitaine Paoli :

— Votre idée ?

— Clara Morvan n'a pas disparu de son propre chef, car une jeune femme travaillant dans le milieu de l'esthétique aurait emporté un minimum d'affaires et un nécessaire de toilette. De plus, il y a de fortes chances pour que son enlèvement n'ait pas eu lieu ici. Nous n'avons constaté aucun désordre, aucun objet brisé, c'est donc qu'il n'y a pas eu lutte. Et la porte d'entrée était intacte. J'ajouterai que, dans le cas d'un enlèvement, les kidnappeurs ne se seraient pas embarrassés de son sac à main blanc si elle ne l'avait pas porté.

Comme Paoli détournait les yeux vers un gendarme qui venait d'annoncer que le garage était vide, il ne vit pas le regard soupçonneux du major Garo.

— Major ! l'appela-t-on de la fourgonnette bleue.

— Oui, j'arrive ! Je reviens, dit-il à Paoli.

Laurent Garo partit vers son homme. François Paoli les vit échanger quelques paroles et hocher la tête.

— On vient de nous signaler la présence de la voiture de mademoiselle Morvan sur le parking du Scottish Pub, déclara Garo en revenant.

— Ah ! se contenta de répondre le policier quimpérois.

— Eh bien, venez, allons voir ça de plus près !

— OK, je vous suis.

Tout en regagnant sa voiture banalisée, Paoli sortit son téléphone mobile de sa poche et composa un message pour son collègue Verdier.

Puis la voiture de gendarmerie ouvrant la route, ils

roulèrent jusqu'au Scottish Pub. En arrivant sur le parking, Paoli constata que la voiture de Clara n'avait pas bougé. Tout le monde sortit de voiture dans un ensemble presque parfait.

— Qui a signalé la présence du véhicule ? demanda Garo.

— La patronne du bar, Mary. Elle est à l'intérieur.

Tandis que le capitaine Paoli marchait vers la Toyota abandonnée, le major Garo pénétra dans le bar. Mary rangeait des verres.

— Bonjour, je suis le major Garo. C'est vous qui avez téléphoné pour la voiture, m'a-t-on dit…

— Oui.

— Parce qu'elle vous dérange ?

— Oh, non, pas du tout. Mais je trouve très bizarre que Clara ne soit pas revenue la prendre.

— Vous connaissez bien mademoiselle Morvan ?

— Assez bien, oui, répondit-elle en précédant le gendarme vers la sortie. Mais…

— Quoi ?

— Cet homme… le grand brun, là-bas…

— Vous le connaissez ?

— Il me semble l'avoir déjà vu… répondit Mary tout en faisant un effort de mémoire.

Laurent Garo laissa l'Écossaise observer le Corse pendant un moment au bout duquel il se félicita intérieurement quand Mary dit :

— Oh, mais oui… Ça me revient, maintenant. Il a passé un moment au bar en compagnie de Clara et ils sont sortis ensemble du pub.

— Tiens, tiens…

— Et c’est depuis que la Toyota de Clara est là.

— Une question, Madame… Pourquoi n’avez-vous pas signalé sa présence sur votre parking plus tôt ?

— Parce que mon mari a trouvé un mot glissé sous l’essuie-glace disant qu’elle était en panne. C’est déjà arrivé une ou deux fois que des gens en panne poussent leur auto sur notre parking pour dégager la route.

— Hum ! fit Laurent Garo en regardant François Paoli avec de plus en plus d’intérêt. Dites-moi, est-ce que quelqu’un est venu autour de la Toyota depuis qu’elle est là ? Un dépanneur, par exemple ?

— Je n’ai vu personne.

— Bien, suivez-moi. Sortons.

Ils traversèrent le parking et rejoignirent le groupe qui attendait à côté de la Toyota.

— Vous avez examiné les abords immédiats ?

— Oui, Major. A part quelques mégots, rien.

— Vous avez nettoyé votre parking, Madame ?

— Non, pas depuis deux semaines.

L’officier de gendarmerie réfléchit rapidement, hocha la tête, puis donna l’ordre de récolter tout ce qui était susceptible de porter des traces d’ADN humain. Deux hommes ouvrirent des sacs en plastique et se mirent à l’œuvre.

Au bout de cinq minutes, l’un deux se releva, tenant quelque chose entre son pouce et son index droits gantés.

— Qu’est-ce que c’est ? interrogea Garo.

— Une boucle d’oreille.

— Montrez-la à madame. Est-ce que cet objet vous dit quelque chose, Madame ? demanda-t-il à Mary.

— Oui. Regardez, cela représente une fleur de chardon, l'emblème écossais. J'ai offert ces boucles d'oreilles à Clara.

— Vous rappelez-vous si elle les portait la dernière fois que vous l'avez vue ?

— Oui, j'en suis sûre. Elle les mettait chaque fois qu'elle venait ici.

— Vous pouvez y aller. Ouvrez le véhicule et fouillez-le !

Un troisième homme enfila des gants et posa la main sur la poignée de la Toyota.

— Tiens, la portière est ouverte, s'étonna-t-il.

— Des traces d'effraction ?

— Non, Major, aucune. Et pas de désordre dans l'habitacle. La clef n'est pas au contact ni au sol… dit-il, penché à l'intérieur.

— Ouvrez la malle arrière !

Là encore, le capitaine Paoli sentit son cœur se serrer. Et si… ?

— Il est vide, Major !

L'officier de police se passa la main sur le visage.

— Ça ne va pas ?

— Comment ? Oh, si… si, si, ça va.

Les gendarmes achevèrent rapidement l'examen de la petite voiture japonaise.

La moisson était maigre : un paquet de mouchoirs en papier, un tube de rouge à lèvres, un étui de Kiss Cool, une carte de la Bretagne, un exemplaire de constat à l'amiable et un stylo à bille.

— Bien, mettez tout ça de côté et faite enlever le véhicule.

Puis, se tournant à nouveau vers Mary, Laurent Garo la prit par le coude, lui fit faire quelques pas, lui dit :

— Si vous vous en souvenez, j'aimerais bien que vous me parliez du soir où vous avez vu ce monsieur en compagnie de Clara Morvan. Et pour commencer, vous rappelez-vous comment elle était vêtue ?

*

Le major Garo ressortit du bar, son ordinateur portable à bout de bras, alors qu'un camion à plateau arrivait.

— Vous avez fini ? lui demanda Paoli.

— Ici, oui.

— Eh bien, alors, je vais vous laisser. Au revoir, Major.

— Pas si vite, Capitaine. Vous allez nous suivre à la gendarmerie. Quelques détails à voir avec vous.

— D'accord, mais je vais d'abord récupérer mon équipier.

— Où est-il ?

— Aux Cormorans.

— D'accord, allez-y.

Le policier et les gendarmes montèrent dans leurs véhicules respectifs.

Paoli quitta le parking en premier. Après quelque distance, il bifurqua à droite, suivi par les gendarmes. Apercevant le lieutenant Verdier, il lui fit un appel de phares et s'arrêta à sa hauteur.

— Ah, enfin !

— Je t'ai expédié un message, tu ne l'as pas lu ?

— Si, mais je ne pensais pas que ça durerait autant ! Où on va, là ?

— A la gendarmerie du Guilvinec.

— Hein ?

— Si tu crois que ça m’amuse…

— Mais… que font-ils derrière toi ?

— Ils m’ont suivi jusqu’ici, je ne sais pas pourquoi.

Et il se tut, portant son attention sur la circulation.

Les deux véhicules arrivèrent à la gendarmerie. Le major Garo précéda les deux OPJ quimpérois.

— Vous vouliez qu’on se voie pour des détails… De quoi s’agit-il ? interrogea Paoli.

— Veuillez sortir et attendre dans le couloir, Lieutenant.

— Ah ! fit Amaury, interloqué. Bon…

Dès qu’il se fut retiré, Laurent Garo désigna une chaise à François Paoli.

— Asseyez-vous, l’invita-t-il alors que lui-même quittait son fauteuil, et veuillez décliner votre identité, s’il vous plaît.

— Pardon ?

— Nom, prénom, date de naissance etc., lui dit le gendarme assis à un bureau voisin, prêt à saisir les données sur son ordinateur.

— Qu’est-ce que cela signifie, Major ? Je croyais que vous vouliez que nous éclairions quelques détails…

— Exactement, des détails “vous” concernant.

— “Me” concernant ? Mais, je croyais qu’ils concernaient l’enquête sur…

— Les deux sont liés, aussi est-ce la raison pour laquelle nous vous prions de bien vouloir nous décliner votre identité afin de compléter le procès-verbal de votre audition.

— Mon… audition ? fit Paoli, de plus en plus perplexe. Mais… je ne comprends pas…

— Allez, nom, prénom…

Comprenant que la situation ne se débloquerait pas s'il ne le faisait pas, Paoli déclina son état civil.

— Allez-vous enfin me dire…

— Mais, bien sûr, Monsieur.

Plus de "Paoli", encore moins de "Capitaine"… Le major l'avait appelé "monsieur", faisant abstraction de sa fonction et de son grade. Malaise de François.

Le major Laurent Garo fit lentement le tour de la pièce en silence, puis vint s'appuyer au rebord de son bureau en face de François. Il se croisa les bras et prit une profonde inspiration.

— Voyez-vous, Monsieur, vous me dérangez.

— …

— Oui, et sur plusieurs points. Alors, soyons logiques et voyons ensemble le premier de ces points, à savoir votre présence chez mademoiselle Morvan avant nous.

— Très simple, je n'ai pas eu de problème de circulation pour me rendre là-bas. Si vous prenez cela pour une offense, permettez-moi de vous présenter mes excuses, Major.

— Non, ce n'est pas de cela qu'il s'agit. Ni le procureur auprès duquel j'ai eu le temps de le vérifier, ni moi ne vous avons indiqué l'adresse de Clara Morvan. Et vous ne l'avez pas demandée non plus quand vous étiez dans le bureau de Violay à Quimper. Parce que vous la connaissiez ! Et si vous la connaissiez, c’est que vous vous étiez déjà rendu chez Clara Morvan ! Vrai ou faux ?

Coincé ! Comment avait-il pu commettre une telle maladresse ?

— Vrai, admit-il.

— Bien. Et que faisiez-vous autour de la maison ?

— Comme vous venez de le dire, le tour, histoire de me dégourdir les jambes en vous attendant. Je ne vois pas quel mal il y a à ça…

— Ne serait-ce pas plutôt pour vérifier que vous n’aviez rien perdu ?

— Il suffit ! s’écria Paoli en se levant. *Andate à brusgià in infernu* ! (Traduction : Allez brûler en enfer !)

— Rasseyez-vous ! lui intima Garo.

Quelques instants d’affrontement visuel, puis le major enchaîna :

— Vous avez “presque” bien joué votre rôle de témoin, tout à l’heure. A part un détail, et ce sera le deuxième. Je dis bien presque, car vous m’avez semblé un peu nerveux. Bref… Quand je vous ai demandé votre avis à la fin de la perquisition, vous m’avez répliqué qu’un kidnappeur ne se serait pas embarrassé d’un sac à main blanc si la victime ne l’avait pas eu sur elle au moment des faits. Vous vous en souvenez ?

— Mais… si j’ai dit cela, c’est par simple logique !

— Ah oui ? Et la couleur du sac ? Comment pouviez-vous dire qu’il était blanc si vous ne l’aviez pas vu ? Parce que, figurez-vous, que c’est bien blanc qu’était son sac ce soir-là ! La patronne du bar me l’a confirmé. Alors ?

— …

— Vous ne dites rien ? Brigadier, veuillez mentionner le silence de monsieur. Passons maintenant à la perquisition de la voiture de mademoiselle Morvan, une Toyota Yaris, dont les portières n'étaient pas verrouillées. Et intéressons-nous à ce petit objet. Je suppose que vous savez ce que c'est…

— Une boucle d'oreille.

— Parfaitement, une boucle d'oreille, trouvée juste en dessous de la Yaris, côté conducteur. Et ce bijou appartient à mademoiselle Morvan ! Que dites-vous de ça ?

— Qu'elle l'aura perdu pour une raison que j'ignore !

— Que vous ignorez ? Ben, voyons ! ironisa Laurent Garo. Mademoiselle Morvan n'aurait-elle pas plutôt perdu son bijou en se débattant entre vos bras ?

— Vous affabulez ! Si elle s'est débattue, ce n'est pas à cause moi !

— Ah non ? Tiens donc !

— Puisque je vous le dis !

— Eh bien, je ne vous crois pas ! Et je vais vous dire pourquoi. Des témoins vous ont vu sortir du Scottish Pub avec mademoiselle Morvan et c'est depuis qu'elle n'a pas reparu et que sa voiture est restée sur le parking du bar. Vous me suivez ? Vous êtes la dernière personne à avoir été vue en compagnie de la disparue ! De ce fait, vous devenez suspect et je vous signifie votre mise en garde à vue à partir de cet instant !

Atterré ! Le capitaine François Paoli de la PJ de Quimper était atterré ! Lui, en garde à vue pour un acte qu'il n'avait pas commis ! Tellement abasourdi pendant quelques secondes qu'il ne put rien dire tandis que le major Laurent Garo décrochait son téléphone et prévenait le procureur.

— Bien entendu, vous avez la possibilité d'être assisté d'un avocat, dit-il en composant un second numéro. J'appelle un médecin.

— *I vi pudete tene, eiu ùn aghju bisognu d'elli* ! *Andate à favvi leghje* ! (Traduction : Vous pouvez vous les garder, je n'ai pas besoin d'eux ! Allez vous faire voir !)

*

Verdier entendit des éclats de voix…

Des paroles – peut-être des insultes – en corse : cela se passait mal entre Paoli et Garo. Il se demandait pourquoi l'entretien avait pris une telle tournure quand la porte du bureau s'ouvrit. La stature du major Garo s'y encadra :

— Lieutenant Verdier ?

— Oui ?

— Vous pouvez disposer. Nous retenons le capitaine Paoli en garde à vue.

— Comment ? En… en garde à vue ? Mais… pourquoi ?

— Parce qu'il est suspect dans la disparition de mademoiselle Morvan.

— François, dis-moi… lança Amaury.

— Je vous interdis de lui adresser la parole. Au revoir, Lieutenant !

Le lieutenant Verdier n'en croyait pas ses oreilles : son supérieur hiérarchique aux mains des gendarmes !

Songeur, il descendit l'escalier et regagna la voiture de fonction. Il se mit au volant, se posant des questions auxquelles il n'avait aucune réponse. Il allait démarrer quand l'idée lui vint de prévenir le directeur. Patrick Marrec répondit à la troisième sonnerie. Amaury Verdier l'informa de la situation.

— Je me renseigne et je vous rappelle, Lieutenant.

— Merci, monsieur le directeur.

Légèrement rasséréné, Amaury tourna la clef de contact et se mit en route. Il avait quitté l'agglomération bigoudène quand son téléphone mobile sonna. Faisant fi des consignes de sécurité, Amaury Verdier répondit :

— Verdier, c'est Marrec. Le procureur vient de me confirmer les vingt-quatre heures de garde à vue de Paoli. Plusieurs détails l'accablent, c'est pourquoi il est passé du statut de simple témoin à celui de suspect. Il va être transféré du Guilvinec à Quimper.

— Quoi ? Mais… c'est absurde ! François n'a pas pu faire disparaître cette fille ! Enfin, Monsieur le directeur, vous le connaissez comme moi !

— Je suis désolé, Verdier, je ne peux rien faire pour le moment.

*

Une fois l'instant de stupeur passé, Paoli s'était révolté. Le sang lui bouillait dans les veines et il s'était emporté, s'en prenant physiquement et verbalement au major. Il avait fallu deux hommes pour le maîtriser. Et Garo, une fois qu'il fut menotté, de lui dire :

— Votre conduite est intolérable et ne plaide pas en votre faveur. Cela va être mentionné dans le procès-verbal.

Puis s'adressant à ses hommes :

— Emmenez-le, je ne veux plus le voir.

Une demi-heure plus tard, le fourgon franchit la grille de la gendarmerie de Quimper et Paoli fut conduit dans le bureau du lieutenant Violay.

— Je vous ai apporté une copie du procès-verbal de son audition chez nous, Lieutenant.

— Merci.

Violay le lut puis s'adressa à Paoli, un petit sourire narquois aux lèvres.

— Pas très malin de votre part. Eh bien, nous allons nous rendre chez vous et effectuer une petite perquisition. Qu'en dites-vous ?

Que répondre ? Paoli savait que c'était la procédure, il ne pouvait s'y opposer. Il haussa les épaules sans rien dire.

Et ce fut un nouveau transport en fourgon bleu.

On le fit descendre, indiquer l'étage de son appartement, et tout le monde prit l'ascenseur.

— C'est à gauche, dit Paoli à la sortie de la cabine.

Un gendarme fouilla ses poches, trouva sa clef, ouvrit la porte. Surpris dans son sommeil, le labrador se leva et s'étira avant de venir vers François.

— Vous n'avez rien à craindre, il n'est pas méchant, précisa-t-il en le caressant.

Le petit groupe fit méthodiquement le tour de l'appartement.

— Vous avez un enfant ?

— Un fils, Pierre.

— Où est-il ?

— A la garderie, jusqu'à dix-sept heures.

— Pas de message sur son répondeur, Lieutenant.

— Vous avez un mobile ?

— Oui.

— Où est-il ?

Bonne question ! Qu'en avait-il fait ? Où l'avait-il mis ? Ah, oui… ça lui revint.

— Dans la boîte à gants de ma voiture.

— Vous êtes abonné à Internet ? demanda Violay en avisant l'ordinateur de Paoli. Allumez l'appareil ! ordonna-t-il à un de ses hommes. Et vous, donnez-lui votre code d'accès !

Aussitôt que la page d'accueil se fut affichée, le gendarme ouvrit les courriers électroniques.

— Alors ?

— Vous perdez votre temps, plaça Paoli. Je n'entretiens pas de correspondance par ce biais-là.

— Vérifiez quand même.

Mais vingt minutes plus tard, le gendarme secouait la tête :

— Pas de carnet d'adresses. Il a dit la vérité, il n'y a rien.

— OK. Vous avez une cave ?

— Oui.

— Bien. Finissons-en ici et redescendons.

Ce qu'ils firent et ils visitèrent la cave où ils effectuèrent des prélèvements, ainsi qu'ils l'avaient fait dans l'appartement.

— Il nous reste la voiture. Où est-elle ?

— Elle est garée dans le bas de la rue Pen Ar Stang.

Tout le monde remonta dans le fourgon, direction le centre-ville. Dès que Paoli eut repéré sa voiture, le fourgon s'arrêta à proximité. Ce fut le lieutenant Violay lui-même qui la déverrouilla, se pencha dans l'habitacle du côté droit et ouvrit la boîte à gants. Comme l'avait déclaré Paoli, son mobile s'y trouvait.

— Parfait ! Votre code pin ?

— 2, 6, 4, 8.

A peine l'appareil mis en service, Violay appela le répondeur de Paoli. Quelques secondes et il accédait à la boîte vocale. Il écouta attentivement, puis :

— Pas bon pour vous, ça.

— Quoi ?

— Ce que je viens d'entendre.

— Quoi ? répéta Paoli.

— Pas ici, je vous ferai écouter à mon bureau. Depuis quand votre mobile est-il dans votre voiture ?

— Je ne me souviens pas. Quelques jours…

— Pas assez précis. Je vous accorde le temps du trajet de retour à la gendarmerie pour me donner une date. Espérons que la mémoire vous reviendra. Fouillez sa voiture à fond, faites les prélèvements et les relevés d'empreintes.

— Vous perdez votre temps. Vous ne trouverez rien, tout simplement parce qu'il n'y a rien à trouver.

— Nous verrons bien. Allez, on rentre !

Nouvelle traversée de la ville, de la rue Pen Ar Stang à la Place de La Tour d'Auvergne. Retour au bureau de Violay qui décrocha immédiatement son téléphone pour faire venir un technicien du son. Dès que celui-ci fut là,

Violay lui demanda d'enregistrer le message du téléphone mobile afin de travailler plus commodément dessus. Le technicien installa ses appareils.

— Retirez-lui les menottes. A présent, Paoli, je vais vous demander de vous défaire de votre montre et de votre ceinture...

— Inutile de vous fatiguer, je connais la chanson.

Après s'être massé les poignets, il déposa toutes ses affaires dans une boîte, se laissa tomber sur une chaise et, coudes sur les genoux, mit son visage dans ses mains. Comment en était-il arrivé là ?

— Voulez-vous un verre d'eau ? lui proposa Violay.

Paoli accepta d'un hochement de tête. Il vida le contenu de son gobelet en trois fois et le posa.

— Bien... commença Violay en sortant le téléphone mobile de Paoli de sa poche. Prêt à enregistrer ? demanda-t-il au technicien.

— Prêt, Lieutenant.

Il joua avec les touches de l'appareil, mit le mode haut-parleur en fonction, rappela la messagerie.

« Vous avez un message. » Un très court silence, un bip sonore, puis une voix s'éleva : « C'est vous, François ? J'étais en train de vous appeler... Mais... que faites-vous ? »

— Vous reconnaissez cette voix de femme ?

— Oui, c'est celle de Clara Morvan.

— ...Que vous avez surprise. Et pas agréablement, si je me fie à la fin de son message ! Qu'avez-vous à dire là-dessus ?

— Rien, sinon que vous vous trompez, ce n'est pas à moi qu'elle s'adressait.

— Elle prononce pourtant votre prénom…

— Je ne suis pas le seul homme à s'appeler François.

Un brigadier apporta un fax qu'il tendit au lieutenant Violay.

— Tiens, tiens… fit-il après l'avoir consulté. Je ne savais pas que vous aviez fait une cure aux Cormorans.

— Ce n'est pas un crime que je sache.

— C'est donc là que vous avez rencontré mademoiselle Morvan ?

— Elle était mon hydrothérapeute.

— C'est en effet ce que déclare ce témoin aux gendarmes du Guilvinec, un curiste. Et il était au Scottish Pub le même soir que vous. Il vous a vu sortir du bar en compagnie de mademoiselle Morvan.

François s'enfouit à nouveau la figure dans les mains. Il commençait à se sentir las.

Les yeux fixés sur un point du sol, tandis que le souvenir de cette soirée lui revenait, il se mit à parler à voix basse :

— C'est exact. Nous avons bu un verre… non, deux. Et puis nous sommes sortis…

Violay toussota pour le ramener au présent.

— Vous êtes donc sorti du bar avec mademoiselle Morvan… Qu'avez-vous fait ensuite ?

— Rien.

— Rien ?

— Enfin… juste quelques pas et…

— Et ?

Silence. A nouveau le souvenir du baiser qu'il avait échangé avec Clara.

— Capitaine Paoli, je vous ai posé une question… Qu'avez-vous fait avec mademoiselle Morvan ?

Paoli reposa les yeux sur son interlocuteur. Il devait répondre, il le savait.

— Nous nous sommes embrassés, lâcha-t-il enfin.

— Pardonnez-moi d'être aussi direct, mais… avez-vous eu une relation sexuelle ?

— Non.

Encore un silence pendant lequel le lieutenant Violay scruta le capitaine Paoli.

— Donc, vous vous êtes embrassés… Et après ?

— Il ne s'est rien passé. Je suis parti.

Violay se carra dans son fauteuil sans quitter Paoli des yeux. A voir cet homme élancé et séduisant, il avait peine à croire ce qu'il venait d'entendre. Était-ce à dire que Clara Morvan l'avait repoussé ?

— Parti ? Parti où ?

— J'ai roulé… je suis arrivé à La Torche.

— Seul ?

Quatre lettres suspicieuses : l'adjectif de trop. Paoli s'emporta, debout, en appui sur le bureau du gendarme :

— Bien sûr, seul ! Qu'êtes-vous en train d'imaginer ? Oubliez-vous à qui vous êtes en train de parler ? Un officier de police !

— Calmez-vous, voyons.

— Et d'abord, comment se fait-il que ce curiste vous ait donné mon nom ?

— Tout simplement parce qu'il l'a entendu à plusieurs reprises. Allons, rasseyez-vous.

Paoli obtempéra.

Plusieurs longues minutes de silence, puis :

— Excusez-moi de m’être emporté. Mais quand je vous dis que je n’ai fait qu’embrasser Clara Morvan, vous devez me croire. Je n’ai pas pu aller plus loin. Une histoire douloureuse…

— OK, je n’insiste pas, laissa tomber Violay devant l’abattement de son interlocuteur.

Paoli fit un effort pour se reprendre :

— Quand j’ai quitté La Torche, je pensais revenir au Scottish Pub mais je me suis arrêté dans un autre bar.

— Vous souvenez-vous de son nom ?

— Non, répondit François après réflexion. Le lendemain, je me suis rendu au domicile de Clara Morvan. Je voulais lui parler… Il n’y avait personne.

— OK, on va vérifier tout ça.

Violay ordonna à un brigadier de conduire Paoli dans une autre pièce et de le garder.

*

Un adjudant se présenta à l’hôtel de police et demanda après le lieutenant David Marchand de la sécurité publique.

— Il est en audition, l’informa Marie. Je lui fais part de votre visite, je vous préviendrai quand il sera disponible.

— Merci, Mademoiselle.

L’adjudant s’installa dans la salle d’attente. Cinq minutes plus tard, Marie l’appela et lui indiqua où se rendre.

Il frappa à la porte ouverte du lieutenant Marchand.

— Entrez !

— Adjudant Vibert, se présenta-t-il en refermant derrière lui.

— Prenez place et dites-moi l'objet de votre visite.

— Vous connaissez bien le capitaine Paoli m'a-t-on dit.

— Oui, nous sommes amis. Mais... pourquoi cette question ?

— Nous le détenons en garde à vue.

— François ? En garde à vue ?

— Oui. Il est suspect dans le cas de disparition inquiétante d'une jeune femme.

L'adjudant Vibert laissa quelques secondes au lieutenant Marchand pour encaisser la nouvelle.

— Que voulez-vous savoir au juste ?

— Parlez-moi des relations que Paoli entretient avec les femmes.

— Vous allez être déçu, Adjudant Vibert. François n'a pas de femme dans sa vie, et cela depuis plus d'un an.

Et David raconta l'histoire d'amour qu'avait eu François avec Hélène, sa fin tragique, l'épisode dépressif qui en avait découlé.

— Depuis, il n'a eu aucune liaison, aucune aventure.

— Peut-être ne vous en a-t-il pas parlé, émit Vibert.

— Je me serais aperçu de quelque chose.

— Donc, vous ne saviez rien de Clara Morvan...

— C'est le nom de la disparue ? Non...

— Quel genre d'homme est le capitaine Paoli, Lieutenant ? J'entends son caractère... Est-ce quelqu'un de violent ?

— Non, même s’il lui arrive d’élever la voix. Mais qui ne le fait pas ?

— Et en dehors de son travail ? Si, par exemple, une femme se refusait à lui…

— Vous avez vu son physique ? Aucune femme ne lui résisterait. A condition qu’il s’y intéresse, bien sûr… Et je suppose que c’est ce qui a dû se passer avec cette jeune femme.

— On les a effectivement vus sortir ensemble d’un bar, et ils paraissaient bien s’entendre.

— Eh bien, vous voyez !

*

Pendant que Vibert s’informait sur Paoli, un autre gendarme questionnait ses voisins d’immeuble et, en particulier, sa voisine Marine Roussel. Cependant, Violay contactait Garo :

— D’après ses déclarations, Paoli se serait rendu à La Torche au volant de son Audi. Pourriez-vous expédier quelqu’un là-bas ?

— Vous pensez que quelqu’un l’aurait vu ?

— On ne sait jamais.

— Pas avant demain, Lieutenant. Je n’ai personne sous la main ce soir. Mais, ne vous en faites pas, je prends note de votre requête et ce sera fait.

— Entendu, merci Major.

A peine Violay avait-il reposé son téléphone, qu’un brigadier frappa et entra :

— Paoli voudrait vous voir, Lieutenant.

Incroyable ! Serait-ce que l’officier de police était déjà en train de craquer ?

Violay passa rapidement de son bureau à la pièce où était Paoli.

— Alors, on veut parler ?

— Il s'agit de mon fils, Pierre… Il n'a que huit ans… La garderie va fermer et… et je ne peux pas le laisser seul.

— Qui voulez-vous que je prévienne ? demanda le gendarme en cachant sa déception.

— Ma voisine, Marine Roussel.

— Bien, donnez-moi son numéro de téléphone, je m'en occupe personnellement.

De retour à son bureau, le lieutenant Violay téléphona à Marine. Le coup de fil passé, il écouta à nouveau la voix de Clara. La quatrième fois, pris d'un doute, il fit venir son as des communications :

— Écoute-moi ça, Jean-Mi, et dis-moi ce que tu en penses.

« C'est vous, François ? J'étais en train de vous appeler… Mais… que faites-vous ? »

— Une voix de femme… plutôt surprise… Mais, à la fin du message, on décèle comme de la peur dans le ton.

— C'est, également, la réflexion que je viens de me faire.

*

Aussitôt après avoir reçu l'appel du lieutenant Violay, Marine appela le commissariat.

— Que se passe-t-il, David, tu sais ?

— François est dans de sales draps.

— Tu peux m'en dire plus ?

— Pas maintenant, je suis occupé. Je te rappelle.

— J'ai une meilleure idée. Passe donc à la maison ce soir quand Pierre sera couché.

— D'accord, à ce soir !

Tout en faisant le trajet jusqu'à la garderie, Marine se demanda ce que David avait voulu dire par "sales draps".

Que pouvait-on reprocher à son voisin ? A part boire quelques verres de whisky les jours de blues…

Pierre attendait sagement en compagnie d'une animatrice de la garderie.

— François ne pouvait pas venir. Alors, c'est moi ! annonça-t-elle d'un ton enjoué.

— Il a encore plein de travail ?

— C'est ça, oui.

Comme ce n'était pas la première fois qu'une situation similaire se produisait, Pierre la crut.

— Et tu dors chez moi.

— Ah ?

— Oui, François risque de rentrer tard. Peut-être même pas du tout.

Ils firent un détour par la supérette du coin, puis rentrèrent.

— Je vais chercher Copain et je le sors.

— D'accord.

Plus tard, tandis qu'elle s'affairait devant sa cuisinière, Pierre leur confectionna une salade de fruits.

— C'est joli et bien appétissant ! le félicita-t-elle. Mais, d'abord, le poisson et les légumes !

— C'est quoi comme poisson ?

— Du rouget. Allez, à table !

Vers 21 heures, alors que Pierre venait de s'endormir, David frappa à la porte.

— Tu as bien fait de ne pas sonner. Entre, et installe-toi. Un café ? Autre chose ?

— Non, non, un café, ça ira.

— Alors, dit Marine en faisant le service, c'est quoi "les sales draps" ?

— François est impliqué dans une affaire de disparition. Comme le gendarme qui est venu me voir ne m'a pas donné de détails, je suis allé à la PJ pour savoir si Verdier en avait. La seule chose qu'il a été capable de me dire, c'est que notre Corse préféré a fait des siennes à la gendarmerie du Guil'.

David but une gorgée de café.

— François t'a parlé de sa semaine en thalasso, Marine ?

— Vaguement. Il m'a dit qu'il avait passé un bon séjour à Saint Gué.

— T'a-t-il dit qu'il avait rencontré quelqu'un ?

— Tu veux dire une femme ? Non… Pourquoi, c'est le cas ?

— Il semblerait. Enfin, ça, c'est ce que j'ai cru comprendre au travers des paroles de Vibert, l'adjudant qui m'a questionné sur François.

— Et c'est elle qui a disparu ?

— Oui.

— Ils l'accusent de quoi, François ?

— De rien, pour l'instant. Il ne s'agit que d'une garde à vue. Le temps qu'ils vérifient ce qu'il leur a raconté.

— Et qu'est-ce qu'il leur a dit ?

— Je ne sais pas, et Verdier non plus. Mais, dis-moi… Quand François t'a raconté son séjour, comment l'as-tu trouvé ?

— Comme d'habitude.

— Tu n'as rien remarqué de spécial ?

— Non. Qu'est-ce que j'aurais dû remarquer ?

— Je ne sais pas…

— Tu sais, David, François ne vient se confier que lorsque ça ne va pas du tout ou qu'il est embêté pour la garde de Pierre, quand madame Coadou n'est pas disponible.

— Je sais, oui.

— Et depuis son retour à Quimper, je n'ai fait que le croiser dans le couloir ou sur le parking. Non, pour moi, tout allait bien.

Ils discutèrent encore quelques minutes de choses et d'autres.

— J'ai une idée ! Et si j'allais faire un petit tour aux Cormorans ? Pas seulement histoire de me faire chouchouter… J'apprendrais peut-être quelque chose, ne serait-ce qu'en tendant l'oreille aux conversations des employés…

— Tiens, ce n'est pas bête, ça. Encore faut-il qu'on puisse te prendre.

— Je peux toujours tenter le coup. Je te tiendrai informé.

— D'accord, on fait comme ça. Mais ça reste entre nous, Marine.

— Évidemment !

*

François Paoli avait passé une nuit exécrable. Incapable de trouver le sommeil, ne fût-ce que quelques minutes. Non pas parce qu'on l'avait mis en cellule pour la nuit, mais parce qu'il réalisait qu'il n'avait aucun alibi vérifiable. Et, ça, il le savait, ça jouait contre lui.

Il entendit la clef tourner dans la serrure de sa geôle.

— Bonjour ! Je vous apporte votre café, lui dit-on.

— Merci, répondit-il sans décoller de sa couche.

— Vous feriez bien de l'avaler, le lieutenant Violay veut vous voir dans une demi-heure.

Ce délai écoulé, on vint le chercher pour le conduire au bureau du lieutenant Violay.

— Bonjour ! Asseyez-vous. Bien… Comme vous devez vous en douter, nous sommes en train de procéder à quelques vérifications, mais aussi à des analyses. Concernant votre moralité, les témoignages recueillis plaident en votre faveur…

« C'est déjà ça », pensa Paoli.

— Pour ce qui est de votre balade à La Torche, j'ai contacté le major Garo. Il devrait envoyer un homme ou deux là-bas ce matin.

— Si vous pensez que ça peut être utile…

— Je vous trouve bien défaitiste, ce matin…

— Seulement réaliste. Il faisait nuit, je n'ai vu personne.

— Au sujet de l'appel de mademoiselle Morvan sur votre mobile, je suis embêté. Vous dites que vous l'avez quittée vers 23 heures environ. Or votre répondeur a enregistré son appel à 23 heures 33 précisément. Ces trente-trois minutes vous laissaient largement le temps de vous rendre à La Torche et de revenir au Scottish Pub.

— Mais… je vous ai dit que je n'y étais pas retourné ! Que je m'étais arrêté dans un autre bar !

— …Dont vous avez été incapable de donner le nom !

Un silence tendu s'installa entre les deux hommes. Violay reprit :

— Sauriez-vous, au moins, le situer ? Faites un effort de mémoire… Je pourrais y envoyer un homme pour vérifier.

Pendant les minutes qui suivirent, François se plongea dans ses souvenirs. Il se revoyait quitter Clara, se rendre à La Torche, remonter à bord de l'Audi et…

— C'était à Plomeur, dit-il enfin, environ à cinq cents mètres avant d'arriver au bourg.

On frappa et un brigadier apporta un document qu'il tendit à Violay :

— Voici les résultats des analyses de l'Audi, Lieutenant.

— Merci. Dites, vous êtes Bigouden, il me semble…

— Oui, Lieutenant.

— Vous connaissez un bar à la limite du bourg de Plomeur sur la route de Penmarc'h ?

— Oui, Lieutenant, c'est le Sterenn.

— Eh bien, vous allez vous y rendre et demander au patron s'il se souvient de monsieur Paoli. Tenez, prenez cette photo pour la lui montrer.

Le brigadier sorti, Violay consulta le rapport qu'il venait de lui remettre. On n'avait trouvé que deux sortes d'empreintes digitales dans l'Audi : celles de Paoli et d'autres nettement plus petites, vraisemblablement celles de son fils.

La conclusion s'imposait d'elle-même : Clara Morvan ne s'était pas assise ou n'avait pas été transportée dans la voiture du policier.

— Lieutenant, vous êtes-vous demandé quel intérêt j'aurais eu à faire disparaître Clara ? Quel aurait été mon mobile ? Je parie que non ! Pas un seul instant, depuis le début de ma garde à vue, que ce soit au Guilvinec ou ici, personne ne s'est posé la question ! Mais, voilà, je n'en ai pas ! Je la connaissais depuis quelques jours. Et encore connaître, c'est beaucoup dire. Je la voyais un matin ou un après-midi par jour, c'est tout. En tant que curiste, pas autre chose !

Sa plaidoirie fit mouche et décontenança le lieutenant Violay. Paoli avait drôlement dû gamberger pendant la nuit pour attaquer ainsi.

— Vous vous trompez, Capitaine, j'y ai pensé. Et l'idée d'une rivalité amoureuse m'est apparue comme possible.

Au tour de Paoli de rester sans voix.

— Une rivalité amoureuse ?

— Vous avez bien vu, comme le major Garo, un verre contenant deux brosses à dents sur le lavabo de mademoiselle Morvan…

— Heu… oui… Mais je vous jure que c'était la première fois que je les voyais !

— Ça, c'est vous qui le dites !

— Et bien sûr, vous ne me croyez pas ! s'énerva le Corse. Mais, vous verrez, quand vous aurez les réponses des tests ADN de la maison ! Et là…

Il eut la parole coupée par l'entrée d'un officier ; les cinq barrettes de ses galons, alternant le blanc et le jaune, le renseignèrent sur son grade : lieutenant-colonel.

Les deux officiers de gendarmerie se saluèrent, puis l’arrivant s’adressa au policier :

— C’est vous qui hurlez de la sorte ? On vous entend d’en bas !

— Monsieur a tendance à s’emporter facilement, plaça le lieutenant Violay.

— Eh bien, qu’il se calme, qu’on puisse travailler en paix !

*

La pendule murale de la pièce où il se trouvait indiquait 15 heures 10. Excepté lors du déjeuner qu’on lui avait servi, François Paoli n’avait vu personne en dehors du gendarme qui le gardait. Aussi sursauta-t-il quand la porte s’ouvrit.

On l’emmena une fois de plus en face du lieutenant Violay. Assis à son bureau, celui-ci signait des documents. Sans attendre d’y être invité, Paoli s’assit et patienta.

Enfin, le gendarme reposa son stylo et regarda le policier.

— Vous avez de la chance !

— Ah, oui ?

— Vous êtes bien allé à La Torche comme vous l’avez déclaré, un homme vous y a vu. Il témoigne que vous étiez le seul occupant de votre Audi, que vous en êtes sorti et que vous avez fait quelques mètres avant de vous laisser tomber à genoux sur la dune. Comme vous l'intriguiez, il s'est approché discrètement. Puis il vous a vu vous relever, vous essuyer les yeux d'un revers de bras et repartir.

François ne dit rien, mais pensa que, pour une fois, il faisait bon avoir été épié.

— Le patron du Sterenn vous a formellement identifié. Ça lui a été d'autant plus facile que vous étiez le seul "étranger" parmi sa clientèle habituelle. Votre léger accent est si différent de l'accent bigouden ! Il se rappelle bien vous avoir servi deux doubles whiskies… que vous avez payés par carte bancaire.

Le lieutenant Violay tourna un dernier intercalaire.

— Quant à la maison de Clara Morvan… Vous y êtes effectivement allé, mais vous n'y êtes jamais entré, nos témoins sont formels, dit-il en reprenant son stylo. Nous n'avons donc plus de raison de vous retenir dans nos murs. Vous êtes libre. Brigadier, veuillez restituer ses biens personnels au capitaine Paoli ! ordonna-t-il en signant la levée de garde à vue.

En récupérant son téléphone mobile, François demanda :

— Puis-je avoir l'enregistrement que vous avez effectué ou une copie de celui-ci ?

*

Le capitaine François Paoli ressortit de la gendarmerie avec l'enregistrement de Clara Morvan dans la poche.

La première chose qu'il fit, fut de téléphoner au lieutenant Verdier :

— Ils viennent de me relâcher.

— Veux-tu que j'aille te prendre ?

— Non, je vais marcher, ça me fera du bien.

— D'accord, à tout' !

Pas lavé, pas rasé, dans ses vêtements défraîchis, François se revit quelques mois en arrière quand il jouait au SDF*. Il rejoignit rapidement la rive droite de l'Odet pour regagner la PJ.

— Surtout ne me dis pas : « alors, raconte ! », Amos, parce que, franchement, je n'en ai pas envie, prévint-il en poussant la porte.

— OK, je ne dis rien. Qu'est-ce que c'est ?

— Un enregistrement.

— Oui, je vois bien, mais de quoi ?

— Les derniers mots de Clara avant sa disparition.

Amaury releva que, seul, le prénom de la disparue avait été prononcé. François disparut brièvement, revint avec une tasse de café.

— Pas de retour au sujet de la disparition de Loiseau ?

— Rien pour l'instant, à part un coup de fil de sa mère. La PAF (police de l'air et des frontières) n'a rien signalé. Quant aux plongeurs, ils n'ont pas trouvé de corps. Ils ont étendu leur zone de recherches, mais ça n'a rien donné.

— Pas de réponse du labo de Nantes sur le sang trouvé sur le bateau ?

— Pas encore.

— Qu'est-ce qu'ils foutent ? Ah ! Oui... les vacances !

---

*Voir *Quimper sonne les cloches*, même auteur, même collection.

— Et rien du côté de la banque non plus. Aucun retrait, pas de chèque émis.

— Ça ne me surprend pas, vu les sommes que Loiseau avait retirées…

François posa sa tasse vide et se laissa choir dans son fauteuil en se massant le front de la main droite.

— Tu vois, Amaury… si Clara n'avait pas été enlevée – parce que j'ai le sentiment qu'il s'agit d'un enlèvement – je laisserais tomber l'affaire Loiseau. Après tout, cet homme est majeur et vacciné et il est libre de ses faits et gestes.

— Tu oublies la tache de sang suspecte sur son bateau, François.

— Eh bien, tiens, puisque c'est la seconde fois qu'on en parle, de ce sang, prends donc ton téléphone et demande où en sont les analyses.

Pendant qu'Amaury s'exécutait, François parcourut son courrier.

— Tu ne devineras pas ! fit le lieutenant Verdier en raccrochant. C'est du sang de poisson !

— Pardon ? Excuse-moi, j'ai déconnecté. Tu disais ?

— Que le sang séché du bateau n'est pas celui d'un homme, mais celui d'un poisson ! Donc, ça laisse supposer que Loiseau n'était pas blessé au moment où il a quitté son bateau. Ce qui accréditerait un peu plus notre thèse selon laquelle sa disparition est volontaire. Reste à savoir pourquoi…

— Oui, eh bien, les hypothèses, on les remet à demain ! On ferme.

*

Pierre dormait et lui était enfoncé dans son fauteuil club, chemisette ouverte, un whisky à la main. Le livre qu’il avait ouvert n’avait pas réussi à détourner ses pensées de Clara. Ou, plutôt, de sa disparition.

Et maintenant, plus que ce soir-là, il s’en voulait de l’avoir quittée. De s’être enfui.

Il n’arrivait pas à imaginer ce que cette brève relation serait devenue si elle avait continué, mais il était sûr d’une chose :

— Si j’étais resté avec elle, cela ne se serait pas produit, se dit-il avant de vider son verre.

Il se resservit, avala une gorgée de single malt, sortit sur le balcon avec son verre. Il resta de longues minutes accoudé, le regard perdu dans l’espace, laissant l’air tiède de la nuit lui caresser la peau. Il vida son verre, rentra et s’étendit sur le canapé, le bras droit sous la nuque.

Des images défilaient dans son esprit, toutes avaient Clara comme point commun. Clara, l’hydrothérapeute des Cormorans. Clara au bar écossais. Et toujours le sourire de Clara, sa douceur, sa gentillesse.

Il se revit également face au major Garo, puis au lieutenant Violay, interrogé comme s’il avait été l’artisan de cette disparition. En un sens, il y avait contribué. A son corps défendant. Il ne pouvait reprocher aux gendarmes d’avoir exploité cette piste-là. Lui-même l’aurait fait en pareil cas. Il repassa les éléments en sa possession en revue. Il avait passé assez de temps – du moins le croyait-il – avec Clara dans les cabines des Cormorans, pour en déduire qu’*a priori,* elle n’avait pas le profil d’une personne désireuse de couper les ponts avec sa vie professionnelle ou familiale. Mais on voyait tant de choses bizarres…

Puis il repensa à son téléphone mobile. Il l'avait éteint et rangé dans sa boîte à gants avant d'entrer au Sterenn, cinq minutes avant que Clara ne soit enlevée. De ça aussi, il s'en voulait. Car au moment où elle l'avait appelé, il était encore assez lucide pour réagir. Il aurait alerté la gendarmerie, aurait fait mettre un dispositif de recherche en place…

IV

A l'image du ciel de ce matin-là, l'humeur de François était maussade. Des insomnies lui avaient gâché la nuit sur laquelle il comptait pour recharger ses accus.

Alors qu'il allait entrer à la PJ, une voix familière le héla :

— François !

C'était David qui s'approchait.

— Alors ?

— Comme tu vois, je suis dehors. Ils n'avaient rien contre moi, à part les apparences.

— Ouais, ça peut jouer des sales tours ! On se voit au déjeuner ?

— Si tu veux.

— L'Épée ?

— Ça me va.

Il n'avait pas été très disert, mais David n'en prit pas ombrage : il comprenait.

Quand François entra dans le bureau, Tanguy et Marc se racontaient leurs vacances. Il les salua du mieux que son humeur le lui permit. Amaury arriva deux minutes plus tard. A présent que l'équipe était au complet, le capitaine Paoli pouvait parler. Il informa les "rentrants" des principales affaires en cours, c'est-à-dire les disparitions de Pascal Loiseau et Clara Morvan.

— Voici tout le dossier qu'Amaury et moi avons constitué pour l'affaire Loiseau… Allez en prendre connaissance à côté.

— OK.

Sur un signe de tête de leur supérieur, le brigadier-chef Marc Renard et le lieutenant Tanguy Botrel changèrent de pièce et fermèrent la porte.

— Quant à nous, Amos, nous allons écouter l'enregistrement du message que les gendarmes ont fait.

— Je m'en occupe, dit Amaury en la sortant de sa boîte. Tu es prêt ? demanda-t-il au bout d'un moment.

— C'est bon, fais partir !

« C'est vous, François ? J'étais en train de vous appeler… Mais… que faites-vous ? » Puis ce fut le silence.

— Repasse-la.

— Attends ! Avant, je voudrais savoir ce qui s'est réellement passé. Car c'est ce message, n'est-ce pas, qui t'a valu d'être mis en garde à vue…

— Ça, entre autres choses, oui.

— Je t'écoute.

Avant de commencer à parler, François sonda le regard d'Amaury. Celui-ci comprit l'avertissement muet car il ajouta aussitôt :

— Ça restera entre nous, n'aie crainte.

Il ne fallut guère que sept minutes, montre en main, au capitaine Paoli pour raconter l'histoire dans ses grandes lignes au lieutenant Verdier.

— OK, je la repasse, mais mettons chacun un casque, on aura une meilleure écoute.

Amaury attrapa deux paires d'écouteurs et en tendit une à François.

Après deux écoutes successives, Paoli demanda une pause.

Imitant François, Amaury découvrit une de ses oreilles.

— Tu viens de me dire que les gendarmes du Guil’ ont trouvé une boucle d’oreille…

— Oui, juste à l’aplomb de sa portière.

— Donc, l’enlèvement a eu lieu tout près de sa voiture…

— Hon, hon, fit François qui attendait la suite du raisonnement d’Amaury.

— Et elle n’a pas fermé sa portière, elle n’a pas pu le faire, le bruit aurait été beaucoup plus franc, plus net, plus fort. Au contraire, j’ai plutôt l’impression qu’elle était en train de l’ouvrir. Je remets le début.

« C’est vous, François ? » S’ensuivait un cliquetis – sans doute celui d’un porte-clefs – puis un bruit léger qui n’avait rien à voir avec le claquement d’une portière de voiture.

— Continue, Amos.

« J’étais en train de vous appeler. »

— Là où était sa voiture, il n’y avait pas d’éclairage. Elle a très bien pu confondre la silhouette de son agresseur avec la mienne.

« Mais… que faites-vous ? »

— Et, ici, on entend clairement le changement de ton, un peu de panique…

Amaury avait arrêté le magnétophone, François s’était levé.

— Quelque chose ne va pas ?

— Un détail…

— Du genre ?

— Chronomètre la durée de l'enregistrement des gendarmes, ordonna François.

— Quelques secondes, sans doute…

— Fais ce que je te dis, Amos ! Chronomètre-moi ça, immédiatement !

— OK, OK, t'énerve pas comme ça…

Lorsqu'il eut établi la durée des paroles de Clara, le lieutenant Verdier annonça le résultat au capitaine Paoli qui tenait son mobile.

— C'est bien ce que je pensais, dit François. La durée de l'appel de Clara est plus longue que celle de l'enregistrement. Ce qui veut dire qu'une fois de plus, les gendarmes se sont arrêtés aux apparences.

— Comment ?

— C'est pourtant simple, Amos. S'ils avaient eu la bonne idée d'enregistrer la communication jusqu'au bout, on aurait pu en exploiter la suite. Maintenant, c'est foutu.

— Et… ça nous aurait avancé à quoi ? On n'a ni le matériel ni les compétences nécessaires ! Et je ne te parle même pas des réquisitions qu'il nous aurait fallu pour expédier ça je ne sais où, à je ne sais qui !

François hocha la tête de côté, il y avait du vrai dans les paroles d'Amaury.

Il traversa la pièce et se laissa tomber dans son fauteuil, abattu : il n'avait aucune piste. Il se prit la tête entre les mains.

— Il ne nous reste plus qu'à lancer un appel à témoins pour le soir de la disparition de Clara Morvan, lança Amaury.

— Tu parles comme un optimiste, toi ! Nous étions dans un bar écossais où la bière et le whisky coulaient à flots…

— Et alors ? Il y a bien des gens qui t'ont vu sortir avec elle, non ? Donc, il y en a peut-être qui l'ont vue sur le parking…

Comme François ne réagissait pas, Amaury ajouta :

— Enfin, François ! Cette fille te plaisait, mais à cause du passé… Enfin, merde, ça vaut le coup d'essayer !

— Je n'ai pas dit que nous n'allions pas le faire, mais après ce qui s'est passé à la gendarmerie du Guilvinec…

— Ah ! Pigé !

Dans les dix minutes qui suivaient, le lieutenant Verdier téléphonait à la gendarmerie du Guilvinec.

— Ce que vous demandez, là, relève du tour de force, Lieutenant Verdier.

— Dois-je vous rappeler qu'une jeune femme a disparu ? Et que, pendant que vous bafouiez l'honneur du capitaine Paoli, nous avons perdu un temps précieux ?

— Ce n'est pas nécessaire, mais permettez-moi de vous objecter que ça risque d'être un coup d'épée dans l'eau.

— J'en ai parfaitement conscience, mais c'est une carte qu'il nous faut jouer.

Les palabres terminées, il fut décidé de passer une annonce dans la presse locale, ainsi que d'apposer une affichette à en-tête officielle au Scottish Pub.

*

Le capitaine Paoli sortit de la PJ. Plongé dans ses pensées, il longea l’Odet sans but précis. Des questions le taraudaient, des doutes aussi. Et parmi ceux-là, celui concernant l’appel à témoins que les journaux avaient fait paraître le matin même. D’ordinaire, on publiait ce genre d’article lorsqu’il s’agissait d’une personne âgée, fragile ou malade, voire les deux. Et on faisait participer l’équipe cynophile aux recherches, parfois conjointement à des moyens aériens. Mais, là... Des jours, des nuits s’étaient écoulés depuis la disparition de Clara.

Le seul point positif – si tant est que cela pût en être un – était qu’aucune découverte d’un corps féminin sans vie n’avait été déclarée. Les deux derniers morts étaient des hommes, l’un pendu dans son grenier, l’autre renversé par une voiture.

La réquisition qu’il avait obtenue du parquet concernant le téléphone mobile de Clara n’avait donné aucun résultat. L’opérateur confirmait seulement le lieu et la date de son dernier appel, celui qu’il avait reçu. Depuis ce soir fatidique, il n’avait pas servi.

Un autre des points qui ennuyaient Paoli, et non des moindres, était la raison de cet enlèvement. La jeune femme n’était pas d’un milieu fortuné ; en dehors de leur compte épargne, ses parents ne disposaient que de leurs salaires, de fonctionnaire pour le père infirmier, de vendeuse pour la mère. Cela expliquait sans doute le fait qu’aucune demande de rançon n’avait était effectuée. Alors, si ce n’était pas pour de l’argent, pourquoi était-ce ? Il en était là de ses réflexions quand le téléphone mobile professionnel qu’il avait emporté sonna. Aussitôt, il plongea la main dans sa poche et le sortit.

— Paoli.

— François, on vient de recevoir un coup de fil de Cadiou, le bras droit de Loiseau.

— Et ?

— Il a trouvé une lettre, du genre de celle qu'on écrit avant de tout quitter.

— Où ça ?

— Dans le bureau de Loiseau.

— Et il est bien sûr que c'est lui qui l'a écrite ?

— A première vue, oui.

— Bon, saute dans une bagnole. Je t'attends près de l'office de tourisme.

*

Paoli et Verdier furent conduits au bureau de Jean-Yves Cadiou. En les voyant franchir sa porte, celui-ci afficha un air aussi soulagé que s'il avait été à la place d'un homme ayant trouvé une bombe et qui voit les démineurs arriver.

— Je l'ai laissée à l'endroit où je l'ai trouvée, dans son bureau. J'avais besoin de documents… Suivez-moi, leur dit-il, une fois les politesses effectuées.

Il les précéda et les mena trois portes plus loin.

Le bureau de Pascal Loiseau était moderne : mobilier restreint, fonctionnel. En guise de décoration, quelques affiches prônant les bienfaits de la thalassothérapie.

— La voici, dit Cadiou en ouvrant un tiroir.

— L'avez-vous touchée ?

— Heu… oui… mais juste sur le bord gauche.

Verdier enfila des gants et sortit une pochette en plastique transparent de sa poche. Puis il lut à voix haute :

« *Je n'en peux plus, j'arrête. Je suis fatigué, physiquement et moralement.* »

— Reconnaissez-vous formellement l'écriture de monsieur Loiseau, monsieur Cadiou ?

— Oui. Et c'est bien sa signature. Tenez, si vous voulez comparer, dit-il en sortant une facture.

Verdier posa les deux feuilles côte à côte, avant de les placer l'une sur l'autre et de les lever en contre-jour : les deux signatures se superposaient à la perfection. Le doute n'était pas permis.

— A part cette lettre, monsieur Cadiou, avez-vous remarqué quelque chose d'inhabituel dans cette pièce ?

— Non. Ce que je cherchais se trouvait dans ce tiroir, c'est comme ça que j'ai trouvé la lettre de Pascal. Je n'ai touché à rien, si c'est ce que vous voulez savoir.

— Et… en dehors de vous, qui a accès à ce bureau ?

— La femme de ménage.

— Allez la chercher.

— C'est que… elle ne commence pas avant 18 heures.

Et il n'était pas encore 17 heures. Paoli et Verdier décidèrent donc de passer l'heure à perquisitionner.

A part des dossiers administratifs, factures, résultats de contrôles sanitaires, tous aussi bien classés les uns que les autres, par mois et années, ils ne trouvèrent rien. D'après les livres de comptes, les bilans annuels de l'établissement étaient bons. Le départ de Loiseau n'était donc pas dû à des difficultés financières.

Paoli fit quelques pas et regarda par la fenêtre.

— Savez-vous si monsieur Loiseau avait des ennuis de santé ? demanda-t-il soudain inspiré.

— Heu… non…

— Il n'était jamais malade ? interrogea Verdier à son tour.

— Ma foi… un peu comme tout le monde… un rhume, de temps en temps.

— Mais pas de quoi être suivi régulièrement par un médecin ?

— Pas à ma connaissance, en tous cas.

On frappa à la porte. C'était la femme de ménage. Jean-Yves Cadiou fit les présentations.

— Combien de fois par semaine faites-vous le ménage ici, Madame ?

— Trois.

— Et en quoi consiste votre travail ?

— Ben… vider la corbeille à papiers, épousseter les étagères et le bureau de monsieur Loiseau et, bien sûr, laver le sol.

— Rien de spécial dans la corbeille ?

— Je ne fais pas les poubelles, je me contente de les vider ! répliqua-t-elle vivement.

— Accomplissez-vous votre tâche même depuis qu'il est absent ?

— Bien sûr ! Monsieur voulait que ça soit toujours impeccable.

— Avez vous déjà vu cette lettre ? demanda Verdier en lui montrant la feuille sous plastique.

Elle la lut rapidement, puis répondit :

— Jamais, Monsieur.

— Oh ! J'ai oublié de vous dire… plaça Cadiou. Elle ne peut pas l'avoir vue, le tiroir était fermé à clef et il n'y a que moi et Pascal à pouvoir l'ouvrir.

— Je peux commencer ? demanda la femme de ménage. Parce que c’est pas tout, mais…

— Oui, oui, allez-y.

Les trois hommes la laissèrent.

— Elle est un peu bourrue, mais c’est une brave femme, efficace, commenta Cadiou.

— Avant aujourd’hui, monsieur Cadiou, vous n’aviez pas pénétré dans le bureau de monsieur Loiseau ?

— Non.

— Vous avez déclaré, à l’instant, que seuls, Loiseau et vous pouviez ouvrir ce tiroir… Diriez-vous, dans ce cas, qu’elle vous était destinée ?

Cadiou garda le silence pendant quelques secondes, celles du doute et de la réflexion.

— Difficile à dire… Elle n’est adressée à personne en particulier, pas plus à moi qu’à un tiers. Peut-être pensait-il l’envoyer à quelqu’un… Il l’aura oubliée…

— Bien, nous allons prendre congé. Merci de nous avoir prévenus, monsieur Cadiou. Au revoir.

— Au revoir.

*

— Que penses-tu de la lettre ? demanda Verdier à Paoli.

— Elle semble authentique.

— Ça, d’accord, mais à l’intention de qui crois-tu qu’elle a été écrite ?

— Je ne sais pas. Je doute que ce soit à une femme parce qu’il n’a pas signé de son seul prénom mais de sa signature officielle.

— Et selon toi, est-ce qu'elle peut annoncer un suicide ?

— Si Loiseau avait eu envie de se suicider, il n'aurait jamais retiré autant d'argent de son compte en banque.

Paoli reprit :

— Si ça se trouve, comme il le laisse entendre dans son mot, il en a tout simplement eu marre.

— Et il se serait fait la malle ? Comme ça ? Remarque, à qui cette idée n'a-t-elle pas traversé l'esprit ?

Brève concertation, arrêt devant une buvette de plage.

Cela rappela à François Paoli la découverte de la montre de Loiseau.

— C'est quand même bizarre...

— Quoi ?

— Le bateau là-bas, la montre de Loiseau ici...

— Quoi, la montre de Loiseau ?

— Pierre l'a trouvée quelque part par ici, une Rolex. Quand j'ai eu un moment, je suis allé questionner un bijoutier de Quimper qui m'a dit qu'il l'avait vendue à Pascal Loiseau.

— Tu n'en as jamais parlé...

— Je viens d'y repenser.

Ils commandèrent deux Orangina qu'ils allèrent boire adossés à leur voiture.

— Tu disais que ton fils a ramassé la montre ici ?

— Sur la dune, oui. Et c'est ça que je trouve bizarre, l'éloignement entre la montre et le bateau de Pascal Loiseau.

— Curieux, effectivement. Une Rolex, tu disais ?

— Hon, hon...

— Eh bien, moi, une montre de ce prix-là, elle ne quitterait pas mon poignet, crois-moi !

— C'est bien pour ça que je m'étonne. En admettant que Loiseau se soit fait enlever, on aurait pu supposer qu'il s'était débattu et donc qu'il aurait perdu sa montre dans la bagarre. Mais nous avons un témoin qui l'a vu monter librement à bord de son bateau, vedette à bord de laquelle n'ont été relevées que ses empreintes.

— Tu veux que je te dise ? Si un jour il reparaît, je lui poserai la question pour lever le voile de ce mystère.

— Ce n'est sans doute pas demain la veille. Bon, en route !

*

D'un pas vif, le capitaine Paoli se rendit au café de L'Épée. Il repéra son ami attablé.

— Ah, te voilà enfin !

— Désolé, David, on ne fait pas ce qu'on veut en matière de circulation… Je rentre du Cap Caval.

Et Paoli parla de la lettre de Loiseau.

— Vous avez pensé au suicide ? demanda David.

— Évidement, mais en général, on trouve la lettre tout près du suicidé. Ici, la montre était sur la dune de Penmarc'h, on a trouvé son bateau aux Glénan, et lui s'est évanoui dans la nature ! Tu parles d'un sacré jeu de piste !

— Hum ! fit David son verre de vin à hauteur des yeux. Et… pour la jeune femme ?

— Amaury a contacté les gendarmes pour lancer un appel à témoins. On attend.

François avait parlé d'un ton qui s'était voulu neutre.

— "On" ou "tu" ? demanda David en cherchant le regard de son ami.

Mais il ne le rencontra pas, François regardait ostensiblement ailleurs.

— Tu sais qu'un gendarme est venu m'interroger à ton sujet ? relança David.

— Je m'en doutais un peu.

— Dis… et si tu me racontais tout, dans le moindre détail ?

— Tout… quoi ? Il n'y a rien à dire que tu ne saches déjà.

— Mais…

Le téléphone mobile du capitaine Paoli sonna, le sauvant d'une discussion dont il n'avait pas envie, même avec son ami.

Il sortit sur le trottoir pour répondre, revint quelques instants plus tard.

— Il faut que je file ! Ciao !

— Hé !

— Quoi ?

— Tiens-moi au courant !

— Oui, oui…

Et il s'en alla à grands pas.

Il grimpa l'escalier quatre à quatre, poussa la porte de la PJ.

— Où est-il ?

— Qui ça ?

— Eh bien… le témoin, pardi !

— Elle arrive.

— Ah ! Et on lui a dit de venir ici ?

— Oui, Garo, je crois. Et ça l'arrangeait bien, elle est de Quimper.

La porte s'ouvrit, une jeune femme blonde apparut.

— Bonjour, dit-elle d'une voix un peu timide.

François alla vers elle, se présenta :

— Capitaine Paoli. Bonjour Madame.

— Mademoiselle, rectifia-t-elle. Je m'appelle Amélie Hénaff.

— Asseyez-vous, mademoiselle Hénaff, et racontez-moi ce que vous avez vu.

— Eh bien, voilà… J'étais avec une copine ce soir-là. Nous devions aller en boîte de nuit, mais comme il était un peu tôt, nous nous sommes arrêtées au Scottish Pub, histoire de tuer un peu le temps avant d'aller danser. J'ai eu quelque peine à trouver une place pour me garer. Remarquez, c'est souvent comme ça là-bas… Mais, là, j'ai eu la chance qu'une voiture s'en aille et j'ai pris sa place. Et là, ma copine me donne un coup de coude et me dit : « Ben, ma vieille, si les bars où tu m'emmènes sont aussi chauds que les boîtes, pas la peine d'aller plus loin ! » Je n'ai pas compris immédiatement ce qu'elle voulait dire, jusqu'à ce que je voie un couple s'embrasser au pignon. Ça avait l'air de "coller" entre eux, et, là, tout à coup, voilà que le mec se barre au volant de sa voiture ! Ça a tellement surpris la fille, qu'elle est restée un moment là où elle était. Puis on l'a vue faire quelques pas, revenir devant la façade, fouiller dans son sac, sortir son téléphone et aller vers une petite voiture. Et, là, un type est arrivé et a pris la fille dans ses bras. Elle s'est débattue mais le type était fort.

— Et ensuite ?

— Il lui a donné une gifle, et une bonne !

— Avez-vous entendu ce que l’homme disait ?

— Pas vraiment, nous n’étions pas tout près. Et les vitres de la voiture étaient fermées.

— Et après, que s’est-il passé ?

— Eh bien, le type l’a entraînée de force vers une voiture et l’a poussée à l’intérieur.

— Quel genre ? Une berline ?

— Pas du tout. C’était un break ou une espèce de fourgonnette.

— De quelle marque ?

— Je ne sais pas, je n’y connais rien aux voitures. Par contre la couleur, je peux vous la donner. Elle était blanche.

— Vous n’avez pas relevé son immatriculation, par hasard…

— Ben… non. Je ne pouvais pas savoir…

François Paoli avait écouté Amélie Hénaff attentivement. Il avança son fauteuil et se pencha légèrement en avant.

— Pourriez-vous me décrire l’homme de la fourgonnette blanche ?

Elle grimaça, haussa les sourcils en écarquillant les yeux et secoua finalement la tête.

— Non, désolée, il faisait sombre à cet endroit-là du parking. Tout ce que je peux vous dire et dont je suis absolument certaine, c’est qu’il était plus massif que le premier mec.

— Avez-vous vu d’où est venu le conducteur de la fourgonnette ? Est-il sorti du pub ou bien était-il déjà à l’extérieur ?

— Heu... attendez que je me rappelle...

Elle ferma les yeux pour mieux faire appel à ses souvenirs, les rouvrit une trentaine de secondes plus tard.

— Je pense qu'il était à l'extérieur... Oui... c'est ça... mais où, exactement, je ne peux pas vous le dire.

— Dommage... Une dernière question, Mademoiselle... Quand l'homme a emmené la jeune fille à sa fourgonnette, où l'a-t-il embarquée ?

— A l'avant.

— Vous en êtes bien certaine ?

— Oui, et après il s'est mis au volant et il est parti.

— Bien, ce sera tout. Veuillez signer votre déposition, s'il vous plaît.

Amélie Hénaff s'en alla, laissant derrière elle un capitaine Paoli songeur.

— Eh bien, on sait au moins une chose, dit le lieutenant Verdier, c'est que l'homme n'avait pas de complice.

— Sans doute, mais ça ne nous avance pas à grand-chose. Sans numéro d'immatriculation...

— Oui, je sais, le coupa Verdier.

Amaury s'empara de la déposition d'Amélie et la lut.

— J'ai une idée...

— A propos de quoi ?

— Du mobile.

— Moi aussi. Le kidnappeur de Clara doit être un ancien soupirant.

— Et, à mon avis, lorsque ce mec vous a vus, il ne l'a pas supporté. Surtout quand vous êtes sortis ensemble. Il a dû se douter de quelque chose, est sorti à son tour, alors que vous étiez au pignon du pub et a attendu son heure.

— Et, dès qu’il m’a vu filer, il est passé à l’action. Ça se tient.

— Ou, alors, il est sorti avant vous, contrarié d’avoir vu Clara en ta compagnie, il vous a épiés et a agi après ton départ.

— C’est également possible, admit François.

— Tu n’as rien remarqué ?

— Tu sais ce qu’est un bar, Amos. Les gens rentrent et sortent, on n’y prend pas garde.

— Oui, mais, toi, t’es pas un client banal, t’es flic !

— Et alors ?

— Tu aurais pu remarquer quelque chose, sauf si… tu étais trop occupé…

Le sous-entendu d’Amaury ne plut pas à François qui lui lança un regard des plus noirs avant de sortir.

*

Après être allé chercher Pierre à la garderie, François avait fait un détour par l’appartement pour prendre le chien, puis avait roulé jusqu’à la pointe de Sainte-Marine. Et, tandis que son fils et le labrador couraient, il avait marché, le regard perdu sur l’océan.

Il avait pensé que cette balade lui aurait fait du bien. Il n’en était rien. Si l’idée de l’enlèvement de Clara Morvan lui était assez rapidement venue à l’esprit, le témoignage d’Amélie Hénaff n’avait servi qu’à le confirmer.

Sa réflexion fut interrompue par la sonnerie de son portable.

— Capitaine Paoli ? Major Garo à l'appareil.

— Que désirez-vous ?

— Peut-être aimeriez vous savoir ce qu'ont donné les tests ADN sur les deux brosses à dents trouvées chez mademoiselle Morvan ?

— …

— Les résultats sont identiques. Mademoiselle Morvan utilisait les deux. Quant à la brosse à cheveux, son analyse rejoint celles des brosses à dents. Pas d'empreinte étrangère dans la salle de bains.

— Et dans le reste de la maison ?

— Nous avons un jeu principal, celui de Clara Morvan, et quelques traces sur lesquelles nous travaillons encore. Voilà, c'est tout. Bonne soirée, Capitaine.

— Merci, au revoir Major.

Les paroles du major Garo auraient dû lui apporter quelque réconfort, ce n'était pas le cas. A cause de ces traces qui restaient à identifier. Garo n'avait pas été assez explicite à ce sujet. Avisant un banc inoccupé, il s'y assit. Amélie Hénaff avait parlé d'un homme costaud, plus massif que lui. Clara n'avait donc aucune chance face à un tel individu…

A force de tourner et retourner le problème dans tous les sens, François sentit la migraine venir. Il chercha son fils des yeux et l'appela.

— On rentre ? demanda Pierre en revenant vers lui avec le chien.

— Pas encore.

Ils reprirent la voiture et gagnèrent la grande plage en bas de laquelle David avait sa maison. Il venait de rentrer.

— David ! l'appela Pierre en sortant de l'Audi.

— Tiens, les Paoli !

— Je peux te confier Pierre ?

— Pourquoi ? Où vas-tu ?

— Piquer une tête ! dit François en ôtant son polo.

— D'accord.

Il descendit sur le sable, y abandonna ses vêtements et entra dans la mer. Elle était un peu fraîche, mais il prit le parti de l'ignorer et se dirigea vers le large en brasse coulée.

A une cinquantaine de mètres du bord, il se mit au crawl et longea le rivage à mouvements puissants et réguliers. Comme un nageur à l'entraînement, excepté qu'il était en eau libre, François additionna les mètres les uns aux autres sans penser à rien d'autre qu'à la coordination de sa respiration avec ses mouvements.

— Tu le vois, David ?

— Je le cherche.

— Ce n'est pas lui, là-bas ? demanda Pierre en tendant le doigt.

— Non, regarde bien, ça ne bouge pas, c'est une bouée.

— Où il est, alors ?

Incapable de répondre à Pierre, il consulta discrètement sa montre ; cela faisait maintenant trois quarts d'heure que François était parti.

Quand il avait dit qu'il allait piquer une tête, David avait pensé que cela n'aurait pas duré plus de dix ou quinze minutes ; or, cela faisait plus du double, de quoi rendre Pierre inquiet, et lui aussi.

Il parcourut la surface liquide des yeux, fronçant les

sourcils et se protégeant les yeux de sa main en visière face au soleil couchant.

— Là ! Je crois que c'est lui, dit David en se mettant à la hauteur de Pierre et en pointant l'index vers un point noir mobile.

— Qu'est-ce qu'il est loin ! s'exclama l'enfant.

— Oui, mais il revient.

Effectivement, moins de dix minutes plus tard, François sortait de l'eau sous les regards réprobateurs de son ami et de son fils.

Ils rentrèrent chez David qui les garda pour le dîner.

Après le repas, les deux hommes laissèrent Pierre devant la télévision et sortirent sur la terrasse.

— J'espère que ça t'a fait du bien… dit David en débouchant la bouteille de whisky.

— Ton poisson était délicieux.

— Je parlais de ta longue séance de natation.

— Ah ! Oui…

Suivit une plage de silence pendant laquelle David observa François à la dérobée. Il lui avait déjà vu cet air absent ; cela remontait à plusieurs semaines, quand François avait perdu Hélène.

— Tu étais tombé amoureux d'elle, n'est-ce pas ? osa David.

— Pardon ?

— Tu as très bien entendu. Clara…

— Je ne sais pas… Peut-être…

Nouvelle pause : absence de mots, gorgées de whisky.

— Je ne pouvais pas mieux tomber qu'avec Clara… Des gestes professionnels et mesurés… C'est vrai qu'elle massait bien. Elle m'accueillait toujours avec un sourire chaleureux, quelques paroles en début de séance, le temps que je me mette à l'aise, puis elle se concentrait sur son travail. Je m'abandonnais à ses mains douces et fermes à la fois…

François vida son verre et demanda silencieusement à David en prenant la bouteille s'il pouvait se resservir. Celui-ci donna son accord en tendant le sien.

— J'étais bien avec elle au pub ce soir-là. Et je pense que c'était réciproque. On s'est embrassés dehors. Je crois même avoir eu envie d'elle, mais…

La phrase resta en suspens, David respecta cette nouvelle interruption.

— Je ne sais pas si je m'en sortirai…

Il devina ce qui agitait intérieurement son ami ; François n'arrivait pas à chasser le souvenir d'Hélène.

— Si, tu y parviendras, un jour… Tu avais déjà fait un pas sur la bonne voie en invitant Clara.

— Pff !

David lui aurait bien dit de ne pas être défaitiste, mais ç'aurait été vain. Le mal-être de François était évident.

— On se fait un billard ? proposa-t-il à la place.

François accepta. Ils emportèrent leurs verres et la bouteille.

— Il s'est endormi, dit David en voyant Pierre recroquevillé dans son fauteuil. Tu devrais aller le coucher dans la chambre du fond. Je sors les queues en t'attendant…

*

Le soleil était déjà haut dans le ciel quand François ouvrit les yeux. Il était dix heures trente. Aucun bruit dans la maison. Il déplia son mètre quatre-vingts et dut s'étirer pour en chasser l'ankylose. Une fois debout, il fit le tour du salon, ne vit personne dans le jardin.

A l'entrée de la cuisine, il découvrit un mot de David sur la table : « *Nous allons à la pêche aux bigorneaux.* » Le café était encore chaud, il s'en servit un bol qu'il but, appuyé contre le montant d'une porte-fenêtre.

Il le terminait, lorsque son mobile vibra dans sa poche de jean.

— Bonjour, capitaine Paoli.

— Major Garo ? Bonjour…

— Pouvez-vous venir jusqu'à la gendarmerie ?

— Vous avez du nouveau ?

— Un témoin. Je vous attends pour son audition.

— Le temps de faire la route, j'arrive !

Il coupa la communication avec Garo, composa le numéro de David.

— C'est moi, François. Il faut que je file au Guilvinec. Non… je ne sais pas… Sans doute en début d'après-midi. D'accord, je te rappellerai. Ciao !

L'Audi avala les kilomètres aussi rapidement que la circulation le lui permit. Arrivé à la gendarmerie, le capitaine Paoli exhiba sa carte en disant qu'il était attendu par le major puis grimpa à son bureau. Laurent Garo le reçut.

— Entrez ! Je vous présente monsieur Coïc. Monsieur Coïc, voici le capitaine Paoli de la PJ de Quimper.

Paoli et Coïc se serrèrent la main, puis le policier s'assit.

— Avez-vous déjà vu Monsieur ? interrogea le gendarme.

— Oui. C'était au Scottish Pub. Il était avec une jeune femme que j'ai malencontreusement bousculée en racontant une histoire à des copains, précisa-t-il.

— En effet, je vous reconnais, lui dit Paoli.

— Racontez-nous ce que vous avez vu ce soir-là, Monsieur.

— Comme je viens de vous le dire, j'étais au bar à côté de Monsieur et de son amie. J'ai dû arriver juste après elle car je l'ai vu lui céder son tabouret. Ensuite, je n'ai plus fait attention à eux jusqu'à l'incident du verre.

— Quel incident ?

— Ben... quand j'ai bousculé la demoiselle, son verre s'est renversé. Je leur ai payé un coup pour m'excuser.

— C'est exact, approuva Paoli.

— Ensuite, ça faisait un bout de temps qu'on était là, les copains et moi, ils sont sortis. Tels qu'on les avait vus, on avait une petite idée de ce qui allait suivre...

— Donc, vous les observiez...

— Pas continuellement. C'est un de mes potes qui a lancé le pari que le mec... vous, dit-il en tournant la tête vers Paoli, allait se faire la fille. Un autre a parié le contraire. Une tournée a été mise en jeu. Comme il fallait quelqu'un pour vérifier et que je n'avais plus de clopes, je me suis proposé. J'ai attendu qu'ils aient franchi la porte et je suis sorti à mon tour. Quand je les ai vus disparaître au coin du pub, j'ai pensé que j'avais de la chance, ma voiture était garée de ce côté-là du parking. Je m'y suis rendu tranquillement, ils s'embrassaient. Pendant que je tâtonnais pour mettre la main sur mes clopes, j'ai vu Monsieur quitter subitement son amie, traverser le parking et partir dans une Audi.

— Qu'a fait la jeune femme ? demanda Garo.

— Rien, elle n'a pas bougé. Ma mission était finie, je suis retourné au bar.

— Quel type de voiture possédez-vous, monsieur Coïc ? questionna Paoli.

— Une Opel Astra, gris métallisé.

— Je peux voir vos papiers de voiture ?

— Bien sûr, les voici.

— Vous souvenez-vous avoir vu une fourgonnette blanche sur le parking ? continua Paoli en lui rendant son porte-cartes.

— Hou là…

— Réfléchissez.

— Je ne peux pas vous dire, je ne me rappelle pas, dit Coïc au terme d'une longue minute de réflexion.

— Donc, vous êtes rentré dans le bar pour annoncer à vos copains qui était le vainqueur, reprit Paoli.

— Oui, même que j'ai dû céder le passage à un type qui sortait.

— Comment était-il ? Corpulent ?

— Pas du tout. C'était un petit bonhomme maigrichon, mais il tenait mal sur ses pattes. A mon avis, il avait un sérieux coup dans l'aile. C'est pour ça que je me suis écarté.

— Bon, ce sera tout. Vous allez nous donner les coordonnées de vos amis, que nous puissions vérifier votre déclaration auprès d'eux.

— C’est que… deux d’entre eux sont remontés à Paris pour reprendre le travail. Mais… je peux vous donner celles de Dédé. Lui, il habite à Kérity.

Alors que le major Garo notait le nom et l’adresse du copain Dédé, on toqua à la porte.

Un brigadier entra, chuchota quelques mots au major et se retira.

Puis ce fut au tour de Coïc de partir après signature de sa déposition.

— Une autre personne vient de se présenter, annonça le major Garo.

— Espérons qu’elle nous en apprendra plus que ce monsieur.

— Faites entrer, Brigadier !

Apparut un jeune homme, grand et mince, du nom de Frédéric Barré.

— Avant que vous ne commenciez votre récit, dites-moi si vous avez déjà vu ce monsieur.

Il regarda Paoli un court instant puis secoua négativement la tête.

— Non, mais celui qui vient de sortir de vot’ bureau, sa tête me dit quelque chose.

— Bien, nous vous écoutons.

— Ah ! Bon… Ben… c’est que… débuta Frédéric Barré en se tordant les mains.

Paoli l’encouragea d’un hochement de tête.

— Ben… J’ai quitté ma table pour aller aux toilettes avant de prendre la route.

— Où étiez-vous assis ?

— A une table, je viens de vous le dire… au fond de la salle, à la gauche de la cheminée.

— D'accord, fit Paoli en essayant de se remémorer les lieux.

— J'attendais pour payer à un bout du bar mais la patronne était occupée à servir une tournée. Quand c'est comme ça, je regarde un peu les gens, histoire de voir si je connais du monde.

— Était-ce le cas ?

— Ben… j'ai aperçu Pierrick et sa copine, et puis Dom et sa bande, et aussi Didier et Arnaud. Ah, ça me revient ! Le type qui vient de sortir, c'était pour lui et ses copains la tournée que Mary préparait.

— Y avait-il une ou des femmes au comptoir à ce moment précis ?

— Je ne crois pas… non… Non, je n'en ai pas vu.

— Donc, vous avez attendu que monsieur Coïc et ses amis soient servis pour avoir votre monnaie.

— Oui, c'est ça. Ils ont commandé dès que monsieur Coïc est revenu de l'extérieur après avoir laissé passer un mec qui tenait pas sur ses quilles. Ah ! La tournée, je crois que c'était pour un pari… Mais je ne sais pas de quoi il s'agissait. Enfin… bref. Y a un autre client qui a quitté le bar derrière lui, un costaud. Pas une armoire à glace, mais, quand même, une bonne carrure.

— Pouvez-vous nous le décrire ?

— Non, je ne l'ai vu que de dos.

Paoli ne put réprimer une grimace de dépit. Barré poursuivit :

— J'étais sur le pas de la porte du Scottish en train de mettre mon casque de moto quand j'ai vu ce type-là pousser une jeune femme dans une bagnole.

— Êtes-vous bien sûr que c'était lui ?

— Ben… dans le noir, c'est vrai que c'est pas facile à dire, mais y avait pas d'autre mec dehors à ce moment-là.

— Vous rappelez-vous la voiture ?

— Une fourgonnette blanche, répondit Barré sans hésitation.

— De quelle marque ?

— C'était une Renault Express.

Paoli eut un hochement de tête.

— Le numéro d'immatriculation ?

— Ça, non, désolé, mais c'était un 29. Ça, j'en suis sûr !

Frédéric Barré signa sa déposition et s'en alla.

— Que pensez-vous de ces deux témoignages ?

— Ils sont crédibles. En tous cas, ils confirment celui de la jeune femme que j'ai reçue hier à la PJ. Par conséquent, si d'autres témoins venaient à se présenter, il est inutile de me déranger, je vous laisse le soin de les entendre, et vous me transmettrez les procès-verbaux d'auditions par fax. Voici le numéro.

*

Sur la route du retour, François sortit de Plomeur et s'arrêta au Sterenn. Le cafetier n'avait pas réellement installé de terrasse comme on en voyait ailleurs ; il s'était contenté de disposer une table avec parasol de chaque côté de son entrée.

Relevant ses lunettes de soleil sur son front, François s'adressa à une ombre derrière le bar :

— Bonjour ! Je peux avoir un café, s'il vous plaît ?

— Tout de suite, Monsieur !

Il était à peine assis qu’on lui apportait sa tasse.

— Vous n’avez pas eu de problème pour rentrer l’autre soir ?

— Heu… non…

— Alors, vous avez eu de la chance ! J’ai des clients qui sont passés au contrôle biniou.

François traduisit immédiatement par contrôle d’alcoolémie.

— Où avait lieu le contrôle ?

— Vous voulez dire “les” ! Un à la sortie du bourg, sur la route du Guil’, l’autre à l’entrée, en venant de Pont-l’Abbé. Vous veniez de Penmarc’h, peut-être…

— Oui.

— Tant mieux pour vous, parce que… répliqua le cafetier en faisant sinuer sa main droite en l’air.

— Je n’ai pas fait d’histoire, au moins ?

— Vous n’étiez pas très en forme pour ça. Excusez-moi, faut que j’aille répondre au téléphone.

Il empocha l’argent du café et rentra.

Sa tasse vidée, François se leva, retourna à l’Audi en téléphonant à David.

Alors qu’il ouvrait sa portière, il lui sembla voir passer sa voisine. Mais comme il ne s’y attendait pas et qu’il n’avait pas eu le temps de lire la plaque d’immatriculation, il n’aurait pas su dire s’il s’agissait vraiment de Marine. Et pourtant, il était flic ! Il ne pouvait donc pas blâmer Amélie et Frédéric pour la fourgonnette blanche !

Lorsqu’il arriva chez David, il était presque 14 heures. Pierre accourut.

— Alors, la pêche a été bonne, fiston ? lui demanda François en l'embrassant.

— Oui, on en a eu plein, plein, plein !

— Et ta pêche à toi ? l'interrogea David.

— Intéressante. J'ai réussi à assembler quelques pièces de puzzle, répondit François, interrompu aussitôt par la sonnerie de son mobile.

— Et zut ! Qu'est-ce que c'est encore ? fit-il en ouvrant son appareil. Oui ? Ah ! Bon, j'arrive ! Il faut que je reparte à Quimper.

*

Après avoir réglé le problème pour lequel on l'avait appelé, le capitaine Paoli se carra dans son fauteuil de bureau et lut les dépositions des trois témoins. Ainsi qu'il l'avait dit à David Marchand, elles se complétaient. Elles apportaient une information capitale, à savoir que le kidnappeur n'avait pas attendu Clara à l'extérieur. Il avait probablement observé le couple dans le Scottish Pub avant de commettre son méfait et n'était sorti qu'après le départ de François.

Mais pourquoi l'homme ne s'était-il pas manifesté dès qu'il avait vu Clara et François ensemble ? Pourquoi avait-il attendu au lieu de les suivre immédiatement dehors ? Et puisque deux des trois témoins l'avaient décrit comme quelqu'un de fort, du moins en apparence, pourquoi n'avait-il pas cherché la confrontation avec François ? Et comment avait-il su à quel moment agir ? Avait-il eu un complice à l'extérieur qui lui aurait téléphoné pour l'informer du moment opportun ? Mais alors, dans ce cas, il aurait pu être au volant de la fourgonnette. Or, Amélie Hénaff et Frédéric Barré déclaraient avoir vu l’homme faire le tour du véhicule pour en prendre le volant. François Paoli balaya l’idée de l’existence d’un complice. Il fallait donc envisager autre chose. Et si l’information n’était pas venue de dehors, mais de… dedans ? Si tout n’avait été que hasard et concours de circonstances ? En venant payer au comptoir, Frédéric Barré avait compris que la tournée était l’enjeu d’un pari, il ne savait pas lequel. Mais quelqu’un d’autre, en l’occurrence le kidnappeur, lui, avait très bien pu entendre les échanges du groupe de Coïc et, surtout, le résultat du pari rapporté par celui-ci. Ceci supposait donc qu’il était dans un voisinage assez proche. En admettant cette hypothèse, cela impliquait que François pouvait l’avoir vu ou simplement aperçu.

En tournant toutes ces suppositions, toutes ces questions dans son esprit, le capitaine Paoli pensa avoir mis le doigt sur le mobile du rapt de Clara : la jalousie. Il se leva, appela le lieutenant Verdier. Lorsque celui-ci fut là, Paoli lui fit lire les procès-verbaux, après quoi il lui livra le fruit de son intense réflexion.

— Mouais, ça se tient, finit par dire Verdier. M’enfin, je trouve ce type un peu frappé d’avoir agi de la sorte si c’est par jalousie !

— Moi aussi, mais… bon. Donc, Amos, il va falloir que nous retournions dans le Cap Caval pour découvrir l’entourage de Clara et en savoir plus sur ses relations amicales et amoureuses…

*

Le téléphone sonna dans le bureau du lieutenant David Marchand.

— Allô ?

— David, c'est Marine. C'est bon, j'ai réservé un après-midi de soins aux Cormorans.

— C'est pour quand ?

— Après-demain. Je dois y être pour 14 heures.

*

Le capitaine Paoli était arrivé avant ses hommes à la PJ. La veille, juste au moment de partir, son téléphone avait sonné pour l'informer du retour des parents de Clara Morvan. Il les avait contactés aussitôt et rendez-vous avait été pris pour 10 heures, ce matin-là.

Le lieutenant Verdier arriva le dernier en s'excusant ; sa femme avait été malade une partie de la nuit. Paoli et Verdier dégringolèrent les marches et sautèrent à bord d'une voiture de fonction banalisée. Ils durent se faire expliquer la route pour se rendre chez Patrick et Charlotte Morvan. Le couple habitant au fond d'une impasse, ils garèrent leur Renault et marchèrent pendant cent mètres. Ce fut Paoli qui sonna.

— Madame Morvan ? Capitaine Paoli, se présenta-t-il en montrant sa carte. Et voici mon collègue, le lieutenant Verdier.

— Oh ! Bien sûr… entrez, Messieurs. Pardon pour le désordre, nous sommes rentrés hier en fin d'après-midi. Ne restez pas debout, asseyez-vous.

— Merci, Madame. Je suppose que vous avez vu le major Garo…

— Oui.

— Charlotte ? appela une voix d'homme.

— Je suis au salon, Patrick.

Il arriva, salua les deux OPJ qui se présentèrent à nouveau et prit place à côté de sa femme.

— Voilà… Nous avons besoin de connaître la vie de votre fille…

— Je vois, répondit Charlotte Morvan. J'allais boire un café, en voulez-vous ?

Ils acceptèrent.

— Ne bouge pas, je m'en occupe, dit son mari en se relevant.

— Commençons, si vous le voulez bien, par ses relations les plus récentes.

— Tout d'abord, il faut que vous sachiez que Clara a acquis son indépendance depuis un bon moment déjà. Ce n'est pas pour autant qu'elle nous délaisse. Il ne se passe pas une semaine sans qu'elle vienne nous voir ou qu'elle nous téléphone. Sauf lors de nos déplacements d'été. Là, c'est nous qui l'appelons.

— Quand lui avez-vous parlé pour la dernière fois, Madame ?

— Le soir de sa disparition. Elle avait rendez-vous au Scottish Pub et elle hésitait entre deux tenues.

— Comment vous a-t-elle semblé ? C'est une question que nous posons très souvent et qui peut avoir son importance…

— Je comprends. Elle était… comment dire…

— Nerveuse ?

— Non, pas vraiment. Du moins, cela ne transparaissait pas dans sa voix. Non, je dirais plutôt curieuse, bien qu'elle ne m'ait rien dit de l'homme qu'elle devait retrouver au pub.

— Dans ce cas, comment pouvez-vous savoir qu'il s'agissait d'un homme ?

— Parce qu'elle me l'a dit.

— Clara se confie-t-elle facilement ?

— Disons qu'elle me raconte ce qu'elle fait de ses week-ends, mais elle reste assez discrète quant à ses amours.

— Ma femme dit vrai. Nous avons toujours un train de retard. Par exemple, quand on lui parle de Laurent, elle l'a déjà remplacé par Yoann…

— Mais ne croyez pas que notre fille soit une coureuse ! intervint Charlotte. Seulement, elle ne veut pas perdre son temps avec des garçons qui n'en valent pas la peine.

— En avait-elle un dans sa vie ces derniers temps ?

— Le dernier dont elle nous a parlé, c'est Mathieu, un instituteur.

— Nous aurions besoin de lui parler. Savez-vous où il habite ?

— Désolée, aucune idée. Mais il a fait l'année scolaire à Pont-l'Abbé.

— Le nom de famille de ce monsieur ?

— Deré. Mathieu Deré.

Amaury Verdier nota le renseignement.

— Comment s'entendaient Mathieu et Clara ?

Charlotte haussa les épaules et secoua la tête. Elle ne savait pas.

— N'avez-vous jamais reçu votre fille et son ami du moment à déjeuner ? questionna Verdier.

— C'est arrivé deux fois, quand elle a cru que c'était "le bon". Il y a deux ans de ça, c'était Didier, je crois, non ? fit-elle en se tournant vers son mari.

— Oui, c'est cela.

— Mais savez-vous pourquoi elle a rompu avec lui ?

— Didier partait en Alsace, elle ne pouvait pas le suivre à cause de son emploi.

— Revenons-en à Mathieu, décida Paoli. Où et comment Clara et lui se sont-ils connus ?

— A la dernière fête foraine de la Tréminou. Clara et sa copine avaient décidé d'aller y faire un tour. « Pour prendre un bain de foule, puisque la mer est fraîche », m'avait dit ma fille.

— Avez vous eu l'occasion de voir Mathieu ?

— Non.

— Moi, si, une fois, de loin, dit Patrick. Il s'en allait de chez Clara au moment où j'arrivais. Je croyais qu'elle avait fait venir un dépanneur quelconque, puisque j'avais vu un homme partir à bord d'une fourgonnette, mais elle a démenti immédiatement en me disant qu'il s'agissait de Mathieu.

— Pourriez-vous être plus précis sur la fourgonnette, monsieur Morvan ?

— Une Renault Express, de couleur blanche.

— Drôle de véhicule pour un instit', vous ne trouvez pas ?

— Ben, si ! C'est pour ça que j'ai cru que Clara avait eu un problème domestique.

— Son départ vous a-t-il semblé naturel ou, au contraire, pensez-vous qu'il a cherché à vous éviter ?

— Ça n'avait rien d'une fuite, il rejoignait tranquillement sa voiture.

— Et physiquement... de quoi avait-il l'air, Monsieur ?

— Il était grand, assez costaud.

— Hum !

Paoli s'octroya le temps de boire son café avant de demander :

— La Tréminou, c'est en septembre... Comment se fait-il que vous n'ayez pas rencontré Mathieu depuis ?

— Je sais, ça peut paraître bizarre, mais c'est comme ça, dit Patrick en reposant sa tasse. Bon, je vous laisse, j'ai encore de quoi faire dans le camping-car.

— Excusez-le, Messieurs, dit Charlotte une fois qu'il eut disparu. Mais il faut le comprendre... Clara est "sa" fille.

— Pardon ?

— Clara avait six mois quand je suis devenue sa mère, expliqua-t-elle.

— Une dernière chose avant que nous partions, madame Morvan, dit François alors qu'ils s'apprêtaient à partir.

— Oui ?

— Si, par hasard, dans les jours qui viennent, vous receviez un courrier...

— Vous voulez parler d'une demande de rançon ?

Paoli hocha la tête.

— J'y ai pensé... Je dirais même que j'ai été étonnée de... J'espérais que...

Soudain, elle n'arrivait plus à finir ses phrases.

Sa lèvre inférieure s'était mise à trembler, ses mains

se tordaient. Charlotte Morvan qui avait tenu le coup jusque-là, n’y parvenait plus. La voyant sur le point de défaillir, le lieutenant Verdier l’aida à se rasseoir.

— Appelle un médecin, dit-il à Paoli.

— Non, non… ça ira. Merci.

— Je vais vous chercher un verre d’eau.

Paoli s’éclipsa et revint avec de l’eau fraîche.

— Tenez.

— Merci. Excusez-moi… Je ne sais pas ce qui m’a pris…

— Vous n’avez pas à vous excuser, Madame. Votre réaction est compréhensible. Le choc de la nouvelle, associé à la fatigue du voyage… il n’y a rien d’étonnant.

Alors que son regard ténébreux se posait sur une photo de famille, le capitaine Paoli se rappela qu’il ne disposait d’aucun portrait de Clara.

— Nous aurions besoin d’une photographie récente de votre fille pour la diffuser. Pouvez-vous nous en confier une ?

Charlotte acquiesça et se dirigea vers un meuble dont elle ouvrit un tiroir. Au bout de quelques secondes de fouille, elle tendit un portrait de sa fille.

— Cela vous convient-il ? Il date de deux mois.

— C’est parfait, je vous remercie, Madame.

— Je vous raccompagne.

V

Leur déplacement dans le Cap Caval leur avait quasiment mangé la matinée. Cependant, le capitaine Paoli n'entendait pas perdre une minute de plus. Il se rendit donc à l'inspection académique.

— Bonjour ! Capitaine Paoli, PJ de Quimper, se présenta-t-il en sortant sa carte.

— Bonjour Monsieur. Que puis-je faire pour vous ? demanda le fonctionnaire en regardant la pendule murale indiquant midi moins dix.

— J'ai besoin de quelques renseignements sur monsieur Mathieu Deré.

— Pour ça, il faudrait vous rendre au service du personnel, mais...

— Où est-ce ? le coupa sèchement Paoli.

— Troisième porte à gauche, dans ce couloir.

Sans prendre le temps de le remercier, Paoli allongea le pas jusqu'au bureau et y entra, faisant sursauter un employé.

— Paoli, police judiciaire, s'annonça-t-il.

— La po...

— On m'a dit que Mathieu Deré avait fait l'année scolaire à Pont-l'Abbé. Vous pouvez me le confirmer ? Et il me faudrait également son adresse.

— Maintenant ? Mais...

Devant le regard noir et insistant du Corse, le fonctionnaire dut lâcher son journal. Il se leva en maugréant, visiblement contrarié qu'on l'importune juste à l'heure du déjeuner.

Il se mit devant un ordinateur, ouvrit un programme.

— J'attends ! fit Paoli.

— Oh, ça va, hein ! On fait ce qu'on peut !

— Plutôt ce qu'on veut, vous voulez dire !

Enfin, après avoir baladé sa souris sur un tapis usé et cliqué plusieurs fois de suite dessus, il fit sortir une feuille sur l'imprimante voisine.

— Ça vous ira ? demanda-t-il en la tendant à Paoli.

— Eh bien, si ce n'est pas le cas, je reviendrai ! Au revoir !

Il était midi et quart, quand il prit place à la droite de Verdier qui s'était installé au volant.

— Alors ?

— On verra ça tout à l'heure !

*

Ils rentrèrent à la PJ où régnait une chaleur étouffante.

— On doit frôler les 30 degrés, dit Amaury en ouvrant toutes les fenêtres.

— Possible... répliqua François en s'asseyant à son bureau.

— Et ça ne te dérange pas ?

— Si, mais faut bien supporter, on n'a pas le choix.

— Tu parles d'une réponse ! ronchonna Amaury en allant se prendre une bouteille d'eau.

François lut le document qu'il avait obtenu à l'inspection académique. Mathieu Deré avait effectivement enseigné à l'école primaire de Pont-l'Abbé. C'était même sa deuxième année en classe de CE1. Auparavant, il avait été en poste à Combrit, Quimper et Brest. Célibataire, il était âgé de trente ans et résidait sur l'avenue du Port à Léchiagat.

« Tiens, tiens... En face du port de plaisance... », songea François en composant le numéro de téléphone de Mathieu Deré.

Après cinq sonneries, France Télécom déclencha son répondeur. François y laissa un message demandant à Deré de le contacter.

Quelques minutes plus tard, pris d'un doute, il reprit son téléphone. Alors qu'il avait composé neuf des dix chiffres du numéro de la poste du Guilvinec, il reposa le combiné : il n'obtiendrait pas son renseignement de cette manière.

Il posa la photo de Clara sur son sous-main, laissa ses pensées divaguer au-delà des couleurs brillantes et glacées, sans se rendre compte qu'il était observé.

Amaury allait manifester sa présence, quand le téléphone rompit le silence. Il devança François d'une ou deux secondes et répondit, lui faisant signe que l'appel ne concernait pas leur enquête.

Quand Amaury raccrocha et se retourna, François était debout près du fax, la photo en main, prêt à la passer pour une diffusion nationale. Au-dessus de l'appareil étaient punaisées d'autres photos de disparus, comme celles des petites Marion Wagon et Estelle Mouzin, deux fillettes de neuf ans, dont les disparitions avaient été largement médiatisées. Pour l'une, Marion Wagon disparue le 14 novembre 1996, comme pour l'autre, Estelle Mouzin disparue le 9 janvier 2003, sur un trajet qu'elles connaissaient bien, entre l'école et la maison, les enquêtes étaient toujours en cours. Malgré l'absence de traces, d'indices et de témoins qui leur rendaient la tâche difficile, les forces de polices et les unités de gendarmerie nationales continuaient à s'acharner pour ne pas classer les affaires.

Il récupéra le portrait de Clara dont il fit une photocopie qu'il inséra dans le dossier.

*

Marine Roussel se présenta aux Cormorans. Le temps de quelques formalités et on lui indiqua le vestiaire où lui furent remis un peignoir et une serviette en éponge. Elle descendit ensuite aux cabines de soins.

Elle déambula dans les couloirs carrelés. Elle s'était arrêtée devant une grosse bonbonne isotherme contenant une infusion relaxante, lorsqu'on l'appela.

Quelques instants plus tard, des jets d'eau de mer pulsés la massaient de la plante des pieds aux épaules, au son d'une musique douce. Lorsqu'elle sortit de la baignoire, à regret, elle eut l'impression d'y avoir passé plus que le quart d'heure prévu, tellement elle se sentait détendue. Disposant de vingt minutes avant le soin suivant, elle attrapa une revue, s'installa dans un fauteuil. Après avoir tourné les pages, elle se plongea dans la lecture d'un reportage sur l'Écosse.

— Puis-je m'asseoir près de vous ? lui demanda une voix masculine.

L’homme avait une cinquantaine d’années.

Il prit place dans le fauteuil voisin en s’essuyant le cou.

— C’est la première fois que vous venez ?

— Oui.

— Je m’en doutais. Moi, je viens deux fois par an depuis l’ouverture. Avant, j’allais à Bénodet.

— Pourquoi avez-vous changé d’établissement ?

— Pour une question de proximité. Et, vous, qu’est-ce qui vous a fait choisir les Cormorans ?

— On me l’a conseillé.

— Monsieur Raoul ! Monsieur Raoul !

— Oui ! Excusez-moi, on m’appelle. A tout à l’heure, peut-être.

Alors que Raoul disparaissait dans une cabine, ce fut au tour de Marine d’être appelée. Elle fut accueillie par une jeune femme souriante.

— Bonjour Madame, entrez, dit celle-ci en refermant la porte. Je vous laisse accrocher vos affaires et vous déshabiller.

Peignoir, serviette et maillot de bain se retrouvèrent suspendus au mur.

— Montez sur la table. Je vous préviens, c’est un peu chaud. Ça va ?

— Ça va… Estelle, répondit Marine après avoir lu le prénom inscrit sur le badge.

Tandis qu’Estelle s’employait à la “tartiner” de boue d’algues, Marine engagea la conversation. C’est ainsi qu’elle apprit qu’Estelle était arrivée au printemps après avoir exercé pendant un an au Pays Basque, dans l’autre établissement de Pascal Loiseau.

— Je me plais mieux ici, dit-elle en enveloppant Marine d'un grand film plastique, puis de la couverture chauffante. Ça va ?

— Oui, merci. Une petite question encore, si vous permettez…

— Oui, bien sûr.

— Les messieurs… ils retirent aussi leur maillot ?

— En principe, non. Nous ne leur demandons pas de le faire, mais il est arrivé que certains le fassent et que… enfin, bref, je vous laisse imaginer.

— Vous voulez dire qu'ils ont des érections ?

— Pas tous, mais c'est déjà arrivé, oui. Vous comprenez, la chaleur, la promiscuité des cabines, le fait que la majorité du personnel soit féminin…

— Hum, oui, il y en a qui fantasment vite, quoi !

— Voilà ! Et il y a eu des histoires à cause de ça.

— Et… que se passe-t-il dans ces cas-là ?

— Ces hommes-là sont listés en rouge. C'est-à-dire qu'ils sont refoulés s'ils reviennent.

— Ah ! C'est une bonne chose.

— Mais, cela ne m'est jamais arrivé. Bon, je reviendrai voir si tout va bien. Si vous avez un problème quelconque, n'hésitez pas à appeler en pressant ce bouton jaune. A tout à l'heure.

Le faible éclairage, la chaleur, la musique diffusée en sourdine… Marine se mit à somnoler. Elle sursauta quand Estelle vint s'assurer qu'elle allait bien, puis glissa à nouveau dans sa torpeur.

Un tout petit bruit, l'arrêt d'une minuterie, se fit entendre. Au même instant, la porte s'ouvrit et Estelle reparut.

— C'est fini, dit-elle en augmentant l'éclairage. Je vais vous aider à aller à la douche.

Marine se rendit à la douche à petits pas de geisha. Estelle la débarrassa de son enveloppe de plastique et lui rinça le dos avant de lui tendre la pluie d'eau de mer chaude.

— Vous avez encore un soin ?

— Oui, un massage.

— Sous affusion ?

— Je crois, oui, dans trente minutes.

— Alors, ce sera avec moi.

— Dans ce cas, à tout à l'heure, Estelle !

Rhabillée d'un maillot sec et de son peignoir, Marine alla se servir une tisane.

— Ça donne soif, cette chaleur, hein ?

Elle reconnut la voix de monsieur Raoul, se poussa pour qu'il se serve à son tour.

Lorsque son gobelet fut plein, il le leva vers Marine :

— Santé !

— Santé !

— Asseyons-nous, j'ai les jambes en coton, dit-il. Pas vous ?

— Oh, moi, je crois que c'est moi tout entière qui suis en coton !

La réplique le fit rire. Ils pénétrèrent dans une sorte de salon : deux claustras en L disposées de façon à créer un carré à deux ouvertures, quatre fauteuils et une table.

— Excusez-moi, je n'ai pas eu le temps de me présenter. Michel Raoul, architecte d'intérieur.

— Marine Roussel.

— C'est moi qui ai été chargé de l'aménagement et de la décoration de cet établissement.

— Oh ! Vraiment ? Félicitations.

— Je ne les accepte que si elles sont sincères.

— Elles le sont, vous avez fait du beau travail.

Et la conversation se poursuivit entre deux gorgées de tisane jusqu'à ce qu'on appelle Marine.

Lorsque, une heure plus tard, elle mit le nez dehors, elle le fit en compagnie de Michel Raoul.

— Je vous en prie, Marine, appelez-moi Michel. Je dispose d'un peu de temps libre… Je boirais bien un verre, histoire de changer de la tisane, pas vous ?

Elle hésita quelques secondes, puis accepta. Elle tenait là une occasion d'en apprendre un peu plus sur le milieu de la thalassothérapie.

— D'accord, Michel.

— A la bonne heure ! Allons à cette terrasse, là-bas, voulez-vous ?

Michel désignait le café où François avait obtenu l'adresse de Clara.

A peine leur commande passée, elle attaqua :

— Tout d'abord, ne vous faites pas d'illusion à mon sujet.

— Pardon ?

— Eh bien… votre drague à la thalasso…

— Mais… vous vous méprenez ! Je ne cherchais nullement à vous draguer, seulement à passer le temps de façon plus agréable qu'en lisant.

Marine sonda alors le regard de Michel.

— Excusez-moi… J'avais cru…

— Ce n'est pas grave.

— Ça doit tenir au fait qu'on m'a mise en garde contre le comportement douteux de certains hommes dans ce genre d'endroit.

— Et ce "on" est… ?

— La personne qui m'a conseillé les Cormorans.

— "On" a bien fait, ça existe, mais, à ma connaissance, il n'y a jamais eu de tel problème ici. Du moins, jusqu'à présent.

— Ou alors, vous ne l'avez pas su…

— Ça, ma chère, si jamais il y en avait eu, ce serait tout à l'honneur du personnel. Ce qui, entre nous soit dit, serait parfaitement normal. A mon sens, la discrétion doit quand même prévaloir un minimum dans ce type d'établissement. Peut-être "on" a été témoin de quelque chose, genre éclats de voix par exemple… ou reconduction à la porte, *manu militari* si j'ose dire.

— Peut-être, répliqua Marine, quelque peu évasive.

Michel Raoul porta son verre à ses lèvres, avala deux longues gorgées, puis dit :

— Rassurez-moi et dites-moi que vous ne m'avez pas pris pour un satyre.

— Non, ce n'est pas le cas. C'est juste que je ne m'attendais pas à…

— Ouf ! la coupa Michel, soulagé, en plaçant la main droite sur sa poitrine.

Au tour de Marine de boire, puis de demander :

— Comment avez-vous deviné que c'était la première fois que je mettais les pieds aux Cormorans ?

— Simple question d'observation de la part d'un habitué. Je vous ai vue arriver, regarder autour de vous, puis prendre une revue. Vous n’aviez pas prévu votre propre lecture comme la plupart des habitués.

— Ah ! Mais, vous non plus n’aviez pas de livre…

— Je lis peu, je préfère discuter…

Michel Raoul termina son verre et sortit de la monnaie de sa poche.

— Votre compagnie m’a été très agréable, Marine, mais je dois partir. Revenez-vous demain ?

— Non, je n’avais pris que la formule détente, histoire de découvrir par moi-même le bien qu’on me disait de la thalassothérapie.

— Quel dommage ! Eh bien, alors, au revoir !

— Au revoir, Michel.

— Tenez, voici ma carte au cas où vous envisageriez de changer votre intérieur.

Ils se serrèrent la main, puis Michel s’en alla.

*

François était debout devant ses homme comme un maître face à ses élèves.

— Tanguy et Marc… Où en êtes-vous de l’affaire Loiseau ?

— Rien n’a encore bougé pour l’instant, François, répondit le lieutenant Botrel. Sa banque ne nous a pas contactés, ce qui veut dire qu’il n’y a pas eu de mouvements récents sur son compte.

— Bon, Tanguy, j’ai besoin de toi sur l’affaire Morvan. Il s’agit, là aussi, d’une disparition, mais celle-ci n’a rien de volontaire.

— On est au courant.

— Nous avons rencontré les parents de Clara Morvan hier matin. D'après ce qu'ils nous ont rapporté, le dernier petit ami de Clara est un dénommé Mathieu Deré, instituteur de son état. Voici l'adresse de Deré. Dans un premier temps, tu vas lui téléphoner pour le convoquer, Tanguy. Si ça ne répond pas, tu as ordre de te rendre à son domicile, à Léchiagat. Je veux que tu mettes la main sur ce type pour qu'on l'entende, conclut Paoli en abattant sa main droite sur son bureau.

— Et nous ? demanda Amaury Verdier. Que faisons-nous ?

— Nous allons travailler sur l'entourage professionnel de Clara Morvan.

— Mais… on l'a déjà fait !

— Pardon, je me suis mal exprimé, je voulais parler du “parcours” professionnel.

— Et on commence par quoi ?

— Par les Cormorans. La DRH, Armelle Porte, doit bien avoir un CV de Clara quelque part, au fond d'un de ses tiroirs. A partir de là, nous n'aurons plus qu'à interroger ses différents employeurs.

*

Comme il fallait s'y attendre, le lieutenant Botrel n'eut pas plus de réponse que le capitaine Paoli à son appel téléphonique. Suivant la consigne de son supérieur, il quitta donc la PJ et se rendit au domicile de Mathieu Deré. Il doutait un peu de le trouver chez lui. En ces temps de vacances scolaires, l'enseignant aurait pu partir en voyage.

Mais quand il arriva à l’adresse fournie par Paoli, il fut heureux de constater que la maison n’était pas fermée. Ses volets rouges étaient ouverts. Tanguy Botrel passa le portillon du jardinet, une bande de deux mètres de large courait sur la longueur de la maison, partiellement tapissée d’une herbe rase et rabougrie d’où émergeaient deux hortensias ; il sonna.

Il avait pressé trois fois le bouton de la sonnette et s’apprêtait à partir, quand la porte s’ouvrit sur un homme à la tignasse ébouriffée, aux yeux encore pleins de sommeil.

— C’est pourquoi ? demanda-t-il d’une voix pâteuse.

— Vous êtes Mathieu Deré ?

— Non, son cousin.

— Est-ce qu’il est là ?

— Qui c’est qui le demande ?

— La police, répondit le lieutenant Botrel en sortant sa carte.

Effet instantané, quasi magique : le cousin de Deré retrouva sa lucidité.

— Entrez, je vais aller le chercher.

— Où est-il ?

— En haut, il dort.

— Bien, je l’attends.

Cinq minutes plus tard, Mathieu Deré descendait de sa chambre d’un pas lourd.

— Mathieu Deré ?

— Oui…

— Bonjour. Lieutenant Botrel, PJ de Quimper.

— Bonjour… Que me voulez-vous ?

— Ceci, répondit le policier en posant un document. Il s'agit d'une convocation.

— Une convocation ? Pourquoi ? Quand ?

— Un instant, s'il vous plaît.

Botrel détacha son mobile de sa ceinture et appela Paoli.

— Oui, il est là, devant moi. J'appelais pour savoir quand tu voulais l'entendre… Cet après-midi à la PJ ? OK, je transmets.

— Cet après-midi ?

— Treize heures trente, oui.

— Bon, ben… j'y serai.

*

Alors qu'il sortait des Cormorans, le capitaine Paoli vit arriver le lieutenant Botrel au volant de sa voiture de fonction banalisée. Après avoir échangé quelques paroles, Botrel reprit la route en sens inverse et revint à Léchiagat.

Sur ordre de Paoli, il passa au ralenti devant la petite maison aux volets rouges, fit demi-tour plus loin et revint. Le hasard voulut que la voiture des deux OPJ soit bloquée pendant un temps à cause d'un livreur, un peu avant le domicile de Deré. Lunettes de soleil sur le nez, le capitaine Paoli en profita pour examiner la place et les voitures garées alentour. Deux Renault Express en faisaient partie ; il en releva les immatriculations.

— C'est bon, Tanguy, on peut y aller.

— Route pour Quimper ?

— Ouais ! Je voudrais vérifier un ou deux trucs avant que Deré se présente.

A peine arrivé à l'étage de la PJ, Paoli fondit sur son téléphone et appela la préfecture. Il ne lui fallut pas moins de quinze minutes pour obtenir son renseignement, ce qui l'agaça. Ils attendirent le retour du lieutenant Verdier des Cormorans pour aller déjeuner. Ce fut l'occasion pour Paoli de voir Séverin Leclerc, le jeune médecin légiste, tout juste rentré de vacances.

— Pas trop difficile la reprise, Sev' ?

— Ça va. Et toi, sur quel type d'affaire es-tu ? Je n'ai pas vu de demande d'autopsie pour la PJ…

— Eh bien, j'espère que je n'aurai pas à en faire. Bon, à plus, Sev' !

A l'heure dite, le brigadier-chef Marc Renard annonça l'arrivée de Mathieu Deré. Assis derrière son bureau, le capitaine Paoli ordonna qu'on l'introduise. Sa première réaction en voyant Deré apparaître, pas rasé, mais correctement vêtu, fut de le jauger. Grand, costaud, le teint hâlé, il avait plus l'air d'un surfer d'Hossegor que d'un membre du corps enseignant.

— Asseyez-vous, lui dit Paoli en lui désignant une chaise.

— Puis-je savoir pourquoi vous m'avez convoqué ?

— Nous enquêtons sur la disparition de Clara Morvan et…

— Quoi ? Que venez-vous de dire ? Clara… ? Depuis quand ?

Il avait blêmi, ses mains étaient devenues moites ; il demanda un verre d'eau. Verdier lui en apporta un qu'il vida d'un trait.

— Vous ne vous sentez pas bien, dirait-on…

— La chaleur…

— Amos, ouvre cette fenêtre avant qu'il ne tourne de l'œil.

Amaury fit basculer un vantail vitré : on sentit un mince filet d'air circuler.

— Ça va mieux ? Nous pouvons commencer ?

— Oui…

Après un bref exposé des faits, Paoli posa sa première question :

— Où étiez-vous ce soir-là ?

— J'ai dîné dans une pizzeria avec mon cousin et, après, nous sommes passés au Scottish Pub.

— Quelle heure était-il ?

— Je ne sais plus très bien. 21 heures… peut-être un peu plus… J'avoue que je n'ai pas regardé ma montre.

Paoli était arrivé à 21 heures, l'heure que Clara lui avait fixée. Il ne se rappelait pas avoir vu Deré entrer, mais il y avait une raison simple à cela : assis au bar, il tournait le dos à la porte.

— Et… où vous êtes-vous installés ?

— Dans le fond, près du jeu de fléchettes.

Paoli se remémora la topographie du pub. La salle faisait une sorte de U de part et d'autre du comptoir. La cheminée occupait la branche droite du U, le jeu de fléchettes la gauche.

— Avez-vous vu Clara Morvan ce soir-là ?

— Où ça, au Scottish ? Non…

— Et sa voiture ?

— Franchement, je n'ai pas fait attention.

— Et vous, comment êtes-vous venu au pub ?

— Avec mon cousin, il a une Ford Fiesta.

— Hum ! fit Paoli avant de se lever.

Il fit quelques pas autour de son bureau, puis revint se planter devant Mathieu Deré.

— Dites-moi, monsieur Deré, quelle est la nature exacte de vos relations avec mademoiselle Morvan ?

— Était, rectifia Deré. Nous nous voyions une ou deux fois par semaine. Une petite bouffe, un ciné ou un tour au pub, et la soirée finissait chez elle ou chez moi, selon…

— Lequel de vous deux a mis un terme à cette fréquentation ?

— Moi.

— Depuis quand ?

— Les vacances de Pâques.

— Pourquoi ?

— Je ne me sens pas prêt pour un engagement à long terme. Et puis… je ne suis pas titulaire de mon poste. Tandis que Clara est sûre du sien.

— Comment a-t-elle pris l'annonce de votre rupture ?

— Je ne lui ai rien dit, mais je pense qu'elle a dû comprendre. J'ai fait en sorte de l'éviter, je trouvais des excuses pour décliner ses invitations et je me suis mis à filtrer mes appels.

Le capitaine Paoli avait du mal à imaginer que Clara eût pu harceler Mathieu au téléphone. Cela correspondait si peu au portrait d'indépendante qu'avait dessiné Charlotte Morvan de sa fille adoptive. Mais il devait admettre que c'était possible, Clara offrant une facette différente d'elle-même en fonction de la personne avec qui elle se trouvait. Ne l'avait-il pas vue sous deux aspects ? Professionnelle, légèrement distante aux Cormorans, puis plus amicale au Scottish Pub, complice…

— C'était une méthode comme une autre de la détacher de moi sans lui faire de mal, ajouta Deré après une courte pause.

— Donc, si je vous entends bien, vous n'avez plus eu de contact avec Clara depuis Pâques…

— Physique non, mais visuel oui. Je l'ai vue au marché du Guil' en début d'été.

— Était-elle seule ?

— Non, avec son amie de Pont-l'Abbé.

Le capitaine Paoli contourna son bureau, regagna son fauteuil. Songeur.

Si l'homme qui était assis en face de lui disait la vérité, il n'avait rien à lui reprocher et ne voyait pas l'intérêt qu'il aurait eu à enlever une femme dont il s'était peu à peu détaché.

— Vous venez de dire que vous étiez venu au pub dans la voiture de votre cousin.

— Oui, la mienne est en panne.

— Quel genre de panne ?

— Je ne sais pas, elle ne démarre plus, c'est tout.

— Et vous n'avez pas eu envie de la faire réparer ?

— Si, mais le garagiste est en congé. Et tant que mon cousin est là, je n'en ai pas trop besoin car nous utilisons sa Ford.

— Bien, ce sera tout pour aujourd'hui, monsieur Deré. Merci de vous être déplacé.

Sa signature griffonnée au bas du procès-verbal, Mathieu Deré prit congé.

— T'en penses quoi, François ?

— Son histoire tient debout. Néanmoins, il va falloir vérifier tout ça. Tu t'en charges ?

*

Quelques jours passèrent.

L’équipe du capitaine Paoli avait effectué des vérifications, entendu d’autres témoins, fait des recoupements. Tout cela avait conduit à la mise hors de cause de Mathieu Deré dans l’affaire de l’enlèvement de Clara Morvan. Le mystère restait entier, le capitaine Paoli devenait irritable.

Il avait interrogé SALVAC, le logiciel de rapprochement et d’analyses sur les crimes de violences et infractions pouvant présenter un caractère sériel. Commun à la gendarmerie et à la police nationales, il avait déjà permis d’élucider des homicides et des affaires de viols, mais les données manquaient encore pour les affaires d’enlèvements et de séquestrations. Chou blanc sur toute la ligne !

Et pourtant, il ne fallait pas abandonner. Paoli ne “devait” pas le faire. Il devait continuer les actes, faire vivre le dossier. Et pour cela, il retourna aux Cormorans, au domicile de Clara et rencontra son amie de Pont-l’Abbé. Accompagné du lieutenant Verdier, il retourna voir les parents de Clara. Charlotte et Patrick Morvan leur apprirent que des voyants radiesthésistes les avaient contactés, pour leur proposer leurs services.

— C’est, hélas, chose courante dans ce genre d’affaire, dit François Paoli. Ces gens veulent profiter de votre désarroi.

— De toute façon, Patrick et moi n’avons jamais cru ce type d’individus. Mais chaque fois que le téléphone sonne…

— Je sais, Madame, je comprends, mais vous devez continuer à nous faire confiance.

Il avait mis toute la conviction dont il était capable dans ses mots. Charlotte esquissa un sourire.

— Je sais que vous travaillez beaucoup sur la disparition de ma fille, mais plus les jours passent et plus je crains de ne pas la revoir vivante.

Avant de prendre congé, Paoli les assura qu'il ne lâcherait pas l'affaire et s'acharnerait à découvrir la vérité.

Ce n'est que sur la route du retour que les deux policiers remarquèrent les affichettes apposées sur les vitrines des commerces : une photo de Clara, son nom, son signalement, un numéro de téléphone. Le système passif avait été mis en place en complément aux actes d'enquête de la PJ quimpéroise.

VI

A leur retour, le brigadier-chef Marc Renard les informa qu'un retrait d'espèces avait été effectué sur le compte bancaire de Pascal Loiseau du côté de Nice. Aussitôt, il avait contacté l'agence bancaire pour demander si le distributeur automatique était sous surveillance vidéo. Le directeur d'agence lui ayant répondu par l'affirmative, Renard avait alors sollicité l'obtention d'une copie. Le temps de quelques manipulations informatiques et les policiers quimpérois recevraient les images via Internet avant le support numérique qui leur serait expédié au plus vite.

— Je vous attendais pour savoir si je devais informer madame Loiseau.

— Attendons d'avoir vu les images. Inutile de lui donner une fausse joie si l'homme de la vidéo n'est pas son fils.

— D'accord.

Le capitaine Paoli s'approcha de son bureau, s'empara de son courrier. Au cœur de celui-ci, il trouva une enveloppe kraft à son nom, sans adresse ni oblitération. Pris d'une soudaine méfiance, il la reposa, chercha une paire de gants en vinyle qu'il enfila.

— Qui a pris le courrier en bas, ce matin ?

— Moi, répondit Marc. Pourquoi ?

— A cause de ceci.

Le brigadier-chef s'approcha, ainsi que le lieutenant Verdier. Tous deux posèrent les yeux sur l'enveloppe.

— Une lettre anonyme ?

— Que vas-tu faire ?

— Aller à l'identité judiciaire. Suis-moi, Marc !

Par chance, un des techniciens de l'identité était là.

— Je ne te dérange pas trop ? lui demanda François Paoli.

— Non. Que puis-je pour toi ?

— Prendre les empreintes de Marc et les miennes et les comparer à toutes celles qui se trouvent sur cette enveloppe.

— Ça va prendre un peu de temps. Tu es pressé ?

Paoli répondit par une mimique.

— OK. Vous savez comment faire. Voici le matos.

— A toi l'honneur, Marc. Pendant ce temps, je vais ouvrir l'enveloppe, dit-il en prenant un coupe-papier.

L'incision faite, il renversa le contenu de l'enveloppe sur une table de travail toute proche. Deux photos tombèrent. Sur l'une une paire d'yeux, sur l'autre une poitrine de femme dénudée.

— Fais-moi des relevés sur les photos, s'il te plaît. Tout de suite.

Le technicien prit les photos, examina scrupuleusement les rectos brillants sous une lumière rasante. Ne voyant rien, il employa son nécessaire. Au bout de quelques minutes, il releva le nez de son travail :

— Il n'y a aucune trace, François.

— S'il n'y en a pas là, il y a de fortes chances pour qu'il n'y en ait pas d'autres que les nôtres sur l'enveloppe.

— Dans ce cas, ça ira assez vite. Tu auras ma réponse en cours d'après-midi. Ça te va ?

— Parfait. Allez, viens, Marc.

Paoli et Renard revinrent à la PJ.

— Je viens de recevoir le courriel de la banque, leur annonça Verdier.

— Tu as visionné les images ? lui demanda Renard en s'approchant de son ordinateur.

— Oui, il s'agit bien de Pascal Loiseau. Et ta lettre, qu'est-ce qu'elle dit ?

— Vois par toi-même, répondit-il en posant les deux photos côte à côte.

— C'est elle ? demanda Verdier à mi-voix.

Paoli acquiesça d'un bref signe de tête.

— Aucun message ?

— Non, mais l'envoi de ces photos signifie au moins une chose, c'est que le ravisseur me connaît.

— Tu dis ça parce que la lettre t'est adressée ? Ce n'est pas nécessaire, tu sais. Les journaux ont écrit que l'enquête avait été confiée à la PJ…

— Oui, le coupa le Corse, mais celui qui m'adresse ce courrier sait que quelque chose a failli se passer entre Clara et moi.

— Pourquoi ?

— Parce que le choix des photos n'est pas innocent.

— Mouais, il les a bien choisies, si je puis me permettre.

— Sans compter qu'il a préféré des gros plans de sorte qu'aucun détail ne trahisse le décor et ne nous renseigne sur l'endroit de détention de Clara.

— Effectivement, c'est malin.

*

La réponse de l'identité judiciaire était tombée telle qu'il l'avait supposée : sur l'enveloppe ne figuraient que ses empreintes et celles de Marc Renard.

Il avait passé une partie de l'après-midi à regarder les yeux de Clara sur l'image glacée. Il y avait lu un mélange de fatigue, de détresse. En se servant d'une loupe, il avait pu déceler la présence de larmes et en avait conclu que Clara était à bout. Ses collègues l'avaient quitté depuis dix minutes quand il se décida enfin à rentrer chez lui. Quand il poussa la porte de l'appartement, il se félicita d'avoir donné son accord à Pierre pour passer deux jours avec Jules en camping. L'enfant n'aurait pas manqué de remarquer son état préoccupé.

François défit les boutons de sa chemise, hésita un instant devant le frigo, le referma et se servit un whisky. Il s'enfonça dans son vieux club en cuir, son verre dans la main gauche, les photos dans la droite. Il s'attarda sur le cliché de la poitrine pendant une minute. Il ne l'avait jamais vue, mais il savait que c'était celle de Clara. Ce qu'il avait sous les yeux correspondait à ce qu'il en avait deviné sous sa tunique d'hydrothérapeute, ce qu'il avait imaginé en se plaquant à elle le fameux soir de sa disparition.

Il posa son verre, observa attentivement les deux seins nus. Au moment de la prise de vue, ils ne portaient aucune trace de violence. Mais… après ? Qu'avait fait le ravisseur à Clara ?

Il avalait un long trait de whisky quand la sonnette de l'entrée rompit le silence pesant de l'appartement.

François rangea les photos dans un tiroir, regarda par l'œilleton, ouvrit la porte à sa voisine et la fit entrer.

— Je te dérange ? demanda Marine.

— Non…

— Ça fait un petit moment que je ne t'ai pas vu… Tu es seul ?

— Oui, Pierre et Copain sont en camping. Que veux-tu boire ?

— Whisky, comme toi.

— Tu veux de la glace ?

— Oui, s'il te plaît.

François servit deux verres et rejoignit Marine dans le canapé.

— Alors, quoi de neuf, Marine ? Tu as repris le boulot ?

— Doucement puisque certaines entreprises sont toujours en congé. Je ne vais pas m'en plaindre. Avec cette chaleur, j'ai la flemme. Je n'ai qu'une hâte, finir ma journée et me plonger dans l'eau. Pas toi ?

Il eut un léger haussement de l'épaule gauche.

— Oui, toi, forcément, vu que t'es corse, tu supportes mieux que moi, rétorqua Marine en faisant tinter ses glaçons dans son verre avant de le porter à ses lèvres.

François l'imita.

— C'est pas mal, les Cormorans, hein ?

— Tu y es allée ?

— Oui, je me suis offert le luxe d'un après-midi de "chouchoutage". J'ai bien aimé.

— Tu y es allée seule ou avec une copine ?

— Seule. Mais je ne le suis pas restée longtemps, un type m'a abordée presque tout de suite.

— Tu t'es fait draguer ?

— Il a prétendu que non, mais il m'a raconté qu'il avait été témoin d'une drague. Remarque, quand j'y pense, je ne trouve pas cela très étonnant. Et là, je ne parle que de drague de curiste à curiste. Il doit bien y avoir des tentatives entre curistes et hydrothérapeutes, tu ne crois pas ?

François jeta un regard en coin à Marine. Mais elle s'était tue et écoutait la chanson de Norah Jones, *Come away with me,* en sirotant son verre.

— Qui est ton Don Juan des couloirs carrelés ?

— Il s'appelle Michel Raoul, c'est lui qui a conçu la déco des Cormorans. Tiens, voici sa carte, dit Marine en la sortant de son sac à main.

— C'est un habitué ?

— Oui, un habitué délocalisé.

— Pardon ?

— Habitué des thalassos, sauf qu'avant il fréquentait celle de Bénodet.

— Ah ! D'accord… Je peux conserver sa carte ?

— Tu veux refaire ton intérieur ?

— Non, mais il m'intéresse.

— Ah ! Pour ton travail, alors…

*

Sous prétexte d'une demande de devis, le capitaine Paoli avait pris rendez-vous avec l'architecte d'intérieur.

Lorsqu'il arriva, il fut accueilli par Michel Raoul en personne qui l'introduisit dans son bureau.

— Alors, par quel genre de travaux êtes-vous intéressé ? S'agit-il de rénover, d'aménager ou de décorer un nouvel intérieur ?

— En fait, je ne sais pas encore. Tout dépendra du montant des travaux.

— Ce montant, cher monsieur, dépend de plusieurs éléments. Rentrent en ligne de compte la surface du travail à effectuer, les matériaux employés, les modifications que vous voulez apporter à votre espace etc.

— Bien sûr, c'est évident.

— Il vaudrait mieux que je me rende sur place pour avoir un aperçu…

Paoli hocha la tête et demanda à voir le catalogue dont lui avait parlé la secrétaire de Raoul au téléphone lors de sa prise de contact.

— Le voici, dit Raoul en prenant un gros classeur sur une table jouxtant une planche à dessin. Il contient des photos "avant", "pendant" et "après". Cela vous donnera une bonne idée de mes compétences. Enfin… je l'espère !

Il posa le gros classeur devant Paoli, commença ses commentaires. Il fut interrompu par sa secrétaire, sortit quelques instants, puis revint en s'excusant.

— Dites-moi, n'est-ce pas le centre de thalassothérapie des Cormorans ?

— Si, vous connaissez ?

— Un peu. J'y ai fait une cure dernièrement.

— Ah, la thalasso ! Je ne connais que ça de vrai pour oublier mes plans et mes calculs.

Et de la décoration, la conversation passa tout naturellement aux vertus et bienfaits de la thalassothérapie.

Paoli l'écouta, plaçant une parole de temps à autre pour axer le discours de Raoul vers un but précis. Il y parvint assez rapidement, l'homme étant volubile.

L'architecte embraya sur sa façon de tuer le temps entre deux soins.

— Dernièrement, j'ai fait la connaissance d'une charmante jeune personne. C'était la première fois qu'elle venait, cela se voyait. Mais, nous nous éloignons de notre sujet…

— Pas du tout, monsieur Raoul. Au contraire, tout ce que vous venez de me raconter est fort intéressant. Je me présente : capitaine Paoli de la PJ, dit-il en glissant sa carte sous les yeux de l'architecte.

— La police ? fit Raoul, incrédule. Je ne comprends pas… Que me voulez-vous au juste ?

— Eh bien, pour être franc avec vous, c'est cette jeune femme que je connais, avec laquelle vous avez bavardé l'autre jour, qui m'a donné l'idée de vous rencontrer. Comme elle m'a rapporté que vous fréquentiez assidûment les centres de thalasso, je me disais que vous auriez pu être témoin d'incidents ou, si vous préférez, d'événements inhabituels dans ce genre d'endroit. Je me trompe ?

Après avoir répondu par la négative, il relata l'histoire de la drague qu'il avait déjà racontée à Marine.

— Ce que je viens de vous dire concerne deux curistes consentants. Mais il n'y a pas que ça…

— A quoi d'autre pensez-vous ?

— A l'exhibitionnisme ! C'est un ami masseur qui m'en a parlé. L'exhibitionniste en question s'est produit, si j'ose m'exprimer ainsi, par deux fois le même jour devant des hydrothérapeutes. Il n’y a pas eu de troisième fois, il a été expulsé du centre avec interdiction d’y remettre les pieds.

Raoul proposa à Paoli de lui donner les coordonnées de son ami kiné. Celui-ci accepta.

— Je vous remercie, monsieur Raoul. J’espère que vous ne m’en voulez pas trop d’avoir usé de ce petit stratagème pour vous faire parler.

— Non, pas du tout. Si ce que je vous ai raconté peut vous aider de quelque façon que ce soit…

— Eh bien, je vous laisse travailler. Au revoir !

— Au revoir.

*

L’air était lourd. Malgré l’ouverture de plusieurs fenêtres et baies vitrées, aucun souffle d’air ne traversait l’appartement.

François venait de passer cinq minutes sous l’eau presque froide de la douche. Le corps encore humide, il s’allongea sur son lit, mains croisées sous la nuque. Une heure plus tôt, il avait réussi à joindre l’ami de Michel Raoul qui, non seulement, lui avait fait un récit détaillé de l’incident mais lui avait aussi fourni le nom de l’exhibitionniste : Delair. Le prénom, il l’avait oublié, mais si Paoli le rappelait le lendemain, il serait en mesure de le lui donner.

Des Delair, François en avait croisé deux. Deux frères : un chef et un exécutant.

Lui et son équipe du moment les avaient serrés alors qu’ils commettaient leur dixième cambriolage.

Les yeux rivés sur le plafond, il avait beau faire, les traits des deux frères ne lui revenaient pas.

Il se promit de faire quelques recherches sur les Delair. Mais, pour l'heure, c'était vers Clara que ses pensées se tournaient.

Il revoyait la jeune femme près de lui au Scottish Pub, juste avant de l'inviter à en sortir pour l'embrasser à l'abri des regards. Elle était détendue, souriante. Il se rappela le moment de complicité qu'ils avaient partagé. A aucun moment, Clara n'avait manifesté d'inquiétude à la vue d'un quelconque client du pub, ce qui amena François à la conclusion suivante : ou Clara n'avait jamais rencontré son ravisseur, ou bien, si elle l'avait vu, elle ne l'avait pas reconnu.

Il attrapa le carnet sur lequel il avait pris quelques notes pendant sa conversation téléphonique avec l'ami de Michel Raoul. Y figuraient des dates, des lieux : autant de points à vérifier le lendemain. Il reposa le carnet.

Son cerveau bouillait. Ses idées allaient dans plusieurs directions, ses suppositions se heurtant parfois à la logique de sa réflexion. De tout cela germa la conviction qu'il était au centre d'une histoire. De défi, de vengeance, ou les deux associés !

François se redressa sur son oreiller. Oui, c'était ça, on avait enlevé Clara par vengeance et on lui avait adressé les photos par défi ! Par conséquent, non seulement il allait devoir creuser encore dans le passé professionnel de Clara, mais également dans le sien !

*

C'était un homme fébrile, presque fiévreux, qui était assis à son bureau ce matin-là.

Sa nuit avait été difficile. Parce que l'orage qui rôdait au-dessus de la ville n'avait pas éclaté, mais, surtout, parce qu'il lui tardait de pouvoir consulter les archives où étaient rangées les affaires qu'il avait menées à bien, il avait donc mis du temps à s'endormir.

Il attendit l'arrivée de ses hommes, celle d'Amaury Verdier en particulier.

Lorsque celui-ci fut là, il le prit à part et lui exposa sa théorie :

— A supposer qu'il s'agisse de Delair et qu'il t'en veuille... pourquoi s'en prend-il à une jeune femme que tu connais à peine ? D'habitude, les types s'attaquent aux flics eux-mêmes ou à un membre de leur famille... Là, j'avoue que je ne comprends pas, lui dit Amaury en conclusion.

*

On se serait presque cru à un standard téléphonique, Verdier à un bout de la pièce, Paoli à l'autre. Le combiné dans une main, un stylo dans l'autre, parlant un ton au-dessous pour ne pas se gêner l'un l'autre, les deux OPJ étaient à la "pêche aux infos".

Les communications se suivaient, émaillées de périodes d'attente qu'ils mettaient à profit pour compléter leurs notes.

Paoli appela le palais de justice, demanda à parler au juge d'instruction. Il dut patienter quelques instants, la ligne était occupée.

— Oui, Paoli, que voulez-vous ? entendit-il après un moment.

— Le casier judiciaire des frères Delair, Gérard et Julien.

— Delair, dites-vous ? Ce nom ne me dit rien.

— Je les ai arrêtés pour cambriolages, mais vous n'étiez peut-être pas encore en poste à Quimper…

— C'est possible. Pouvez-vous m'épeler le patronyme ?

— D-E-L-A-I-R, en un seul mot.

— Bien, c'est noté. Je n'ai pas le temps maintenant, je verrai cela après le déjeuner. Vous aurez votre renseignement dans l'après-midi.

Paoli le remercia et reposa le combiné téléphonique.

— Courrier ! annonça Tanguy Botrel en le déposant sous les yeux du Corse.

Il le parcourut rapidement et fut soulagé de ne pas y voir d'enveloppe kraft.

— François ! l'interpella le lieutenant Verdier.

— Oui ?

— J'ai quelque chose !

Verdier quitta sa place et rejoignit Paoli.

— Ça s'est passé aux Cormorans, en janvier. Deux hydrothérapeutes ont été confrontées à un exhibitionniste. Clara est l'une d'elles.

— On t'a donné le nom du type ?

— Alexis Delair.

— Alexis ? Mais… Un instant, Amos, lui dit-il en décrochant à nouveau son combiné.

Il composa le numéro de l'ami de Michel Raoul et se présenta.

— Vous avez retrouvé le prénom de l'homme dont vous me parliez ? Oui, l'exhibitionniste... Vous en êtes sûr ? Bien, je vous remercie. Au revoir !

— Alors ?

— Alexis Delair ! Il s'est déjà exhibé dans un autre centre dont il a été viré.

— Comment a-t-il pu fréquenter les Cormorans ?

— Parce que les deux centres n'appartiennent pas à la même chaîne. Je ne vois que ça comme explication. Bon, contacte les mœurs et essaie d'en savoir un peu plus ce monsieur Delair.

— D'accord.

Verdier reparti de son côté, Paoli reprit son téléphone et, cette fois, appela les parents de Clara. Ce fut Charlotte Morvan qui lui répondit. Aussitôt après l'échange de politesse, elle lui demanda s'il avait du nouveau.

— Pas vraiment, choisit-il de répondre.

Lui dire qu'il avait reçu des photos de sa fille l'aurait inquiétée un peu plus.

— Je voulais vous demander si Clara vous avait parlé d'un incident survenu en janvier aux Cormorans.

— En janvier ? C'est loin, ça... Mais il semble me souvenir qu'elle a eu quelques petits accrochages avec une collègue. C'est de ça dont vous voulez parler ? Parce que sinon, je ne vois pas...

Au ton de sa voix, le capitaine Paoli devina que Charlotte Morvan faisait appel à sa mémoire. Il ne dit rien et attendit.

— Ah, si ! reprit-elle au bout de quelques secondes. Ça me revient. Elle a eu un petit problème avec un curiste. Elle s'était absentée pour aller prendre sa boue chaude. Quand elle est revenue, il était étendu, nu comme un ver, provocant. Elle a commencé à étaler sa boue comme si de rien n'était, mais l'homme s'est mis à se caresser en disant à Clara qu'elle l'excitait et qu'il était amoureux d'elle.

— Était-ce la première fois qu'elle s'occupait de lui ?

— Non, car il avait pris la formule personnalisée.

— Je vois, répliqua Paoli qui avait expérimenté lui-même cette formule. Savez-vous ce qui s'est passé ensuite ?

— Clara a abandonné son client pour aller se plaindre à son directeur, monsieur Loiseau. Aussitôt, il est venu voir l'homme en question et lui a dit de quitter le centre et de ne pas y remettre les pieds.

— Bien, je vous remercie, Madame.

— Dites… Vous pensez que l'enlèvement de Clara a quelque chose à voir avec ce que je viens de vous raconter ?

— Je ne sais pas, Madame, nous cherchons.

Il la remercia et raccrocha. A défaut d'être rassurant, il s'était voulu diplomate en lui répondant de la sorte.

*

Il avait expédié Verdier et Botrel aux Cormorans pour recueillir les dépositions des témoins de l'incident de janvier. Renard était à l'identité judiciaire. Il était donc seul, attendant que le juge le rappelle.

Sur son bureau était ouvert un dossier, peu épais, au nom d'Alexis Delair.

Verdier le lui avait rapporté de la section des mœurs. Paoli prit connaissance des rapports et des procès-verbaux. Les derniers faits remontaient à l'année précédente ; Alexis Delair s'était fait épingler deux fois pour nudisme en dehors d'une zone autorisant le bronzage intégral, la troisième pour avoir été pris à rôder près d'un centre de vacances, la braguette du pantalon ouverte.

La sonnerie du téléphone interrompit sa lecture.

— Ça y est, Paoli, j'ai les casiers que vous m'avez demandés. Vous m'aviez parlé de deux frères Delair, savez-vous qu'ils sont trois ? Gérard, Julien et Alexis.

— Je viens de l'apprendre et, finalement, c'est ce dernier qui m'importe.

— Alors, vous allez être content parce que j'ai également demandé le casier d'Alexis. C'est le plus jeune de la fratrie. Lui, ce ne sont pas les cambriolages qui le passionnent, mais les femmes, jeunes ou moins jeunes, auxquelles il n'hésite pas à montrer ses parties intimes. Son casier contient des peines d'amendes et de prison avec sursis, la dernière remontant à l'été dernier.

— Cela confirme et complète ce que j'ai sous les yeux. Eh bien, je vous remercie, Monsieur le juge. Au revoir !

Le téléphone raccroché, Paoli se laissa aller contre le dossier de son fauteuil. Il avait le "pedigree" et la photo d'Alexis Delair. Depuis ce matin, il pensait tenir le mobile.

— Il ne reste plus qu'à lui mettre le grappin dessus, soliloqua-t-il avant de composer le numéro du téléphone mobile du lieutenant Verdier.

Ce dernier l'informa que Botrel et lui étaient sur le point de finir leurs auditions.

— Tu désirais ?

— Que vous vous rendiez chez Alexis Delair. Dès que vous serez sur place, tu me rappelles sur mon portable, OK ?

— OK !

Lorsque le brigadier-chef Renard fut de retour, le capitaine Paoli lui donna quelques consignes et sortit. Il avait passé la majeure partie de son temps assis au téléphone, il avait envie de marcher un peu.

Il longea l'Odet, poussa ses pas jusqu'au Café de l'Épée.

Profitant du départ d'un couple, il s'installa à une table en terrasse et commanda un demi.

Il en avait bu la moitié quand son téléphone vibra dans sa poche poitrine.

Ses deux hommes étaient devant la maison d'Alexis Delair.

— Les volets sont clos, lui dit Verdier.

— Pas de voiture ? Une Renault Express blanche...

— Non, mais il y a un garage attenant. Tu veux que je regarde par les hublots de la porte ?

— Oui, vas-y.

— Le garage est vide, annonça Verdier peu après.

— Hum ! Bon, interrogez le voisinage et essayez de savoir depuis quand la maison de Delair est fermée.

— Ça ne peut pas attendre demain ?

— Pourquoi demain ?

— C'est que... j'ai promis à ma femme de l'accompagner chez le gynéco.

— Tu fais chier, Amos ! Et demain, ce sera quoi, hein ?

— Mais…

Verdier ne put plaider sa cause, la communication était coupée.

Paoli vida son demi, laissa la monnaie pour le payer et s'en alla.

*

Il poussa la porte de la PJ. Barbe de la veille sur un visage pâle aux traits tirés, regard encore plus sombre que d'ordinaire, le capitaine Paoli se planta devant eux.

— Où sont vos PV d'auditions d'hier après-midi ?

— J'allais les faire sortir, répondit Botrel.

— D'un ordinateur éteint ? Bravo, Tanguy ! Tu m'expliqueras comment tu fais.

— Enfin, François, il vient d'arriver ! Il n'a pas eu le temps de…

— La ferme, Amos ! Où sont les tiens ? Je ne vois rien sur ton imprimante…

— C'est quoi ton problème, ce matin, toi ?

— Tu ne manques pas d'air ! Botrel et toi étiez dans la rue qu'habite Delair… Vous n'aviez que quelques voisins à interroger… Deux ou trois questions par maison… Ça ne vous aurait pas pris plus d'une heure ou deux… Et tu oses me demander quel est mon problème ? Mais, j'hallucine, ma parole ! Dois-je te rappeler sur quoi nous travaillons en ce moment ? Une disparition inquiétante ! Ça te dit quelque chose ?

Un silence pesant suivit les reproches de Paoli.

— Eh bien, qu’attendez-vous pour m’imprimer vos PV ? s’énerva le Corse.

Une poignée de minutes plus tard, les deux imprimantes de Verdier et Botrel crachaient les rapports exigés par Paoli. Dans trois d’entre eux, les descriptions faites par les employées des Cormorans correspondaient bien au portrait qu’il avait d’Alexis Delair.

— Tu me ranges ça correctement avec le reste du dossier, ordonna-t-il à Tanguy Botrel avant de disparaître dans leur petite cuisine.

Il en revint cinq minutes plus tard, des mèches de cheveux mouillées.

— Allez, Tanguy et Amos, en route ! Nous allons à Léchiagat faire l’enquête de voisinage de Delair. Tu gardes la boutique, Marc.

Le lieutenant Tanguy Botrel décrocha la clef d’une voiture de service et les trois hommes descendirent.

Botrel au volant, Paoli passager avant, Verdier à l’arrière, la Peugeot 406 banalisée de la PJ prit la direction du Pays Bigouden.

Arrivés à Léchiagat, Botrel gara la Peugeot devant le domicile du suspect. Dès qu’ils furent sortis de voiture, Verdier et Botrel se partagèrent le travail.

Adossé à la 406, Paoli regarda la maison et ses abords.

Puis il s’intéressa à la boîte aux lettres, un vieux modèle en aluminium galvanisé, accolée à un mur du garage. Vide !

— Verdier ! appela-t-il en le voyant sortir d’un jardin. Tu peux venir ?

— J’arrive !

Amaury Verdier le rejoignit.

— Qu'est-ce qu'il y a ?

— Ça ! fit Paoli en pointant le menton vers la boîte grise.

— Eh bien ? C'est une boîte à lettres. Je ne vois pas ce qu'elle a d'extraordinaire.

— Tu ne remarques rien ? Elle est vide, Amos !

— Et alors ?

— Tu le fais exprès ou quoi ? Une maison inoccupée et pas de courrier, pas un seul dépliant publicitaire, et ça ne t'interpelle pas ? Même un débutant se poserait la question et ferait la vérification qui s'impose. Tu aurais dû remarquer ce détail hier quand tu m'as dit que tu allais regarder dans le garage. Mais où as-tu la tête ?

— Je...

— Oh ! Et puis, ne dis rien, ça vaut mieux. Allez, retourne à tes interrogatoires.

Vingt minutes plus tard, Botrel et Verdier revenaient à la voiture.

— Qu'est-ce que ça donne ? interrogea Paoli.

— D'après ce qu'on m'a dit au 9 et au 13, Delair était là le lendemain de la disparition de Clara Morvan. Mais deux jours plus tard, sa maison était fermée.

— C'est ce qu'on m'a dit au 6 également, ajouta Verdier. Et aucun de ceux que j'ai interrogés n'a été chargé par Delair de relever son courrier.

— Tu sais ce qu'il te reste à faire...

— J'y vais.

Amaury Verdier prit la clef de voiture que lui tendait Tanguy Botrel et partit.

— Est-ce que quelqu'un l'a vu partir, Tanguy ?

— Non. Les voisins les plus proches, ceux du 9, se sont rendu compte de son départ quand ils ont vu que les volets étaient toujours fermés à onze heures du mat. D’habitude, la maison était ouverte avant huit heures.

— Donc, il a dû s’en aller de nuit quand le voisinage dormait.

Paoli reporta son attention sur la maison de Delair.

— Bien, on va perquisitionner. Appelle l’identité judiciaire, Tanguy.

Le brigadier-chef sortit son téléphone et pressa la touche 2 d’un numéro programmé.

— Ils sont déjà en mission, François, annonça-t-il peu après. Un cambriolage au nord de Quimper. Ils en ont pour un moment, ils viennent à peine d’arriver sur place.

— Merde ! Bon… On n’a pas le choix, on laisse tomber.

— Si tu tiens vraiment à une perquise aujourd’hui, on pourrait demander aux gendarmes du Guil’ de nous prêter leurs moyens.

— Ah, ça, non ! répliqua vivement Paoli qui n’avait pas encore effacé l’humiliation de sa mise en garde à vue par le major Garo de son esprit.

Vingt minutes après les avoir quittés, le lieutenant Verdier retrouvait ses collègues.

— Alors ? interrogea Paoli quand ils furent assis dans la 406.

— Alexis Delair n’a pas demandé à la poste de faire suivre son courrier. Et j’ai vérifié, il n’a pas non plus de boîte postale.

— Conclusion, s'il est venu lui-même prendre son courrier, c'est qu'il n'est pas parti loin. Je crois qu'une surveillance s'impose. Allez, on rentre, on verra ça au bureau.

*

A peine eurent-ils réintégré la PJ que Paoli rappela l'identité judiciaire.

— Désolé, on n'est que deux en ce moment et on n'a pas huit bras, lui répondit-on. Demain, à la première heure, si tu veux, mais pour aujourd'hui c'est impossible. Même avec la meilleure volonté du monde.

— OK, j'attends demain pour les prélèvements, mais fais-les-moi passer avant ceux de ton cambriolage.

— Tu es sur quoi ?

— Une disparition.

— Ah ! Bon… Eh bien, c'est d'accord, je tâcherai de m'arranger. Salut !

— Laissez vos PV cinq minutes et écoutez-moi : à partir de ce soir, on va planquer devant chez Delair. Tanguy et Amos, vous ferez équipe.

— D'accord.

— Et Marc sera avec moi… C'est nous qui commencerons ce soir. Tu t'assureras que le soum' est prêt. Vérifie le niveau de carburant, les moyens de communication et vois s'il y a de quoi se sustenter.

— Je vais le faire tout de suite.

— Bon, autre chose, reprit Paoli quand Renard fut parti. Tanguy, tu vas aller aux télécoms. Demande-leur un relevé détaillé des appels de Delair, les rentrants et les sortants, concernant le mois écoulé, ou plutôt les deux derniers mois. Pendant ce temps-là, Amaury va voir si notre homme est détenteur d'un mobile.

— Il nous faut des réquisitions…

— Je m'en occupe immédiatement. Je file chez le juge d'instruction.

*

Les lieutenants Verdier et Botrel revinrent en fin d'après-midi.

— Voici les relevés des télécoms, dit Botrel. Le moins qu'on puisse dire, c'est que notre homme n'est pas très bavard. Ses communications sont plutôt rares et dépassent rarement les cinq minutes.

— Fais voir, dit Paoli en tendant la main.

Il survola la liste des communications et entoura des numéros.

— OK. Tu me trouves à quoi se rapportent ceux-ci. Et toi, Verdier, qu'est-ce que tu as trouvé ?

— J'ai fait les principaux opérateurs de téléphonie mobile. Alexis Delair est abonné chez Bouygues depuis un mois. J'ai demandé un relevé détaillé, on n'a pas pu me le fournir mais je pourrai l'obtenir en fin de journée.

— Bien, je crois qu'il serait judicieux de relancer les contrôles routiers. Et je crois que, cette fois, on ne peut pas y couper, il faut mettre les gendarmes sur le coup. Marc, tu t'en occupes ?

*

François contacta madame Coadou et lui demanda de garder son fils.

Alors qu'il reposait le combiné téléphonique sur son socle, le lieutenant Verdier rentra.

— Ça y est, j'ai le relevé du mobile d'Alexis Delair. Comme pour le fixe, il y a peu d'appels et ils sont brefs, déclara-t-il en montrant le document au capitaine Paoli. Il faut dire qu'il a pris le plus petit forfait.

— Oui, ceci doit expliquer cela. C'est à qui ce numéro, là ?

— J'ai posé la question. Tout ce qu'on a pu me dire, c'est que ce n'est pas un numéro de chez eux.

— Dans ce cas, il faut voir chez Orange et SFR.

— Je comptais le faire demain.

— Comment ça, demain ? Mais, tu aurais dû te rendre chez eux dans la foulée !

— C'est que…

— Quoi, encore ?

— Ben, c'est Sophie… Elle n'est pas très bien et je…

Paoli le fixait d'un regard si noir que Verdier n'acheva pas sa phrase.

— J'en ai assez, Amos. Si tu ne fais ton boulot qu'à moitié en ayant l'esprit ailleurs, je crois qu'il est préférable que tu ne viennes pas pendant quelques jours, dit enfin Paoli froidement. Allez, dégage !

— Mais… pour la planque ?

— T'occupe, dégage ! Je me débrouillerai. Et maintenant, disparais !

Un regard pour Tanguy Botrel qui le lui rendit et Verdier sortit sans un mot.

— Des commentaires ? lança Paoli à la cantonade. Alors, au travail ! Tâchez de me trouver à qui appartient ce numéro de mobile.

Renard et Botrel le notèrent puis partirent, laissant Paoli au milieu de la pièce.

Il marcha jusqu’à son bureau, décrocha son téléphone, commença à composer un numéro, puis se ravisa.

Il descendit le vieil escalier en bois et fit les quelques mètres qui le séparaient du commissariat.

— Bonjour Marie. Grincheux est là ?

— Il vient d’arriver. Tu veux que je le prévienne ? Un instant.

Marie appela le bureau du commissaire Duval et lui annonça la visite de Paoli.

— Il est au téléphone, mais il va te recevoir dans cinq minutes. Il m’a dit de te faire monter, il t’ouvrira quand il aura fini.

— Merci.

— Ça va, toi ? Ça n’a pas trop l’air…

— Quelques contrariétés… Je te laisse, je monte.

Il gravit les marches. Parvenu à l’étage, il s’adossa au mur en face de la porte de Vincent Duval. La voix du commissaire se faisait entendre sans qu’on pût comprendre de quoi il parlait. Puis ce fut le silence et la porte s’ouvrit.

— Bonjour Paoli, entrez !

— Bonjour, Commissaire.

— Asseyez-vous. Alors, qu’est-ce qui me vaut votre visite ?

— Un problème de personnel… manque d’effectif.

— Je sais ce que c’est, en ces périodes estivales…

— J'ai besoin de David Marchand.

— Rien que ça ?

— Pouvez-vous le détacher de la sécurité publique pour qu'il rejoigne la PJ pendant quelque temps ?

— Combien exactement ?

— Ça, malheureusement, je suis incapable de vous le dire.

— Une minute, dit Duval en prenant son téléphone.

Peu après, le lieutenant David Marchand faisait irruption dans la pièce. Il salua Paoli puis, à l'invitation de Duval, prit place à côté de lui.

— Quelle est votre charge de travail actuellement, Marchand ?

— J'ai deux affaires de vols en cours et une plainte pour tapage nocturne.

— Donc, tu n'es pas trop débordé, observa Paoli.

— Non. Pourquoi ?

— Le capitaine Paoli vient de me demander votre détachement, il a besoin de vous.

David Marchand inclina la tête, flatté qu'on ait pensé à lui.

— Vous pourriez transmettre vos dossiers au lieutenant Durand… Qu'en dites-vous ?

— Ça peut se faire, d'autant qu'Éric a fait les constates du cambriolage avec moi. C'est pour ton affaire de disparition ? demanda Marchand à Paoli.

— Ouais. On démarre une planque ce soir.

— Ah, c'est pour planquer…

On aurait dit un gosse déçu par le cadeau qu'on venait de lui faire, mais c'était une occasion de travailler avec son ami.

— C’est d’accord.

— Bien. Il ne reste plus qu’à informer le lieutenant Durand pour le glissement des tâches, dit Vincent Duval, la main sur le téléphone.

— Laissez, Patron, je m’en charge, je vais aller le voir.

— D’accord.

— J’en ai pour une petite heure, François.

— Ça ira, je t’attends à la PJ.

*

Il toqua et poussa la porte de la PJ. François Paoli était assis à son bureau.

— Excuse-moi, j’ai dû donner quelques consignes à un nouveau en passant.

— C’est bon, je ne suis pas à cinq minutes près…

— Tes hommes sont en mission ?

— Botrel et Renard, oui.

— Et Verdier ?

— Ailleurs. C’est lui que tu vas remplacer.

— T’as pas peur de perdre au change ? ironisa David.

— Dis plutôt que j’ai tout à gagner en ce moment.

— Ah !

— Bon, je te briefe ?

— Je t’écoute.

Et le capitaine Paoli raconta le déroulement de l’enquête et ses ramifications à Marchand. Il terminait quand Botrel et Renard rentrèrent.

— Ça a pris le temps, mais on a un résultat, annonça Tanguy après qu’ils eurent serré la main de David. C’est chez Orange qu’on l’a eu. Le numéro est celui du portable de Jean-Philippe Bourg.

— Jean-Philippe Bourg… répéta Paoli.

— Ça te dit quelque chose ?

Paoli secoua la tête.

— Je ne vois pas. Eh bien, tiens, vérifie donc s’il n’est pas connu de nos services.

— D’accord, je vais voir aux archives. A plus !

— Une minute, Tanguy. J’ai décidé de modifier les binômes. Tu feras équipe avec Marc et vous planquerez demain soir.

— Pas de problème, c’est toi qui décides.

— Ah bon, on planque dès ce soir ? interrogea Marchand.

— Oui. Ne me dis pas que tu avais quelque chose de prévu…

— Non, non. A quelle heure débute la planque ?

— Vers 21 heures. Excuse-moi, il faut que j’appelle le parquet.

Quelques minutes plus tard, le capitaine Paoli obtenait du juge d’instruction la mise sur écoute des téléphones, fixe et mobile, d’Alexis Delair, de sa mère et de Jean-Philippe Bourg.

*

François Paoli coupa le moteur du fourgon Peugeot. Baptisé soum’, diminutif de sous-marin, le véhicule d’observation et de surveillance de la PJ, de couleur gris clair, pouvait être maquillé à l’envi. Ayant encore à l’esprit les frémissements de rideaux derrière lesquels on l’avait épié à Saint-Guénolé-Penmarc’h, Paoli avait jugé préférable de conserver sa neutralité au fourgon.

Il désigna la maison d’Alexis Delair à David Marchand.

— Pas de deuxième issue ?

— Non, j’ai fait le tour de la maison. Sur l’autre façade, les fenêtres sont fermées par des volets roulants. Je voulais faire une perquisition associée de relevés, mais l’équipe de l’IJ était avec toi sur le cambriolage de Kerfeunteun. Du coup, ce sera fait demain matin.

— Que penses-tu que cela t’apporte ?

— Je ne sais pas. Peut-être rien. Mais il faut que je voie l’intérieur de cette maison.

Ils passèrent de l’avant à l’arrière du fourgon.

— Une heure de surveillance à tour de rôle après minuit, ça te va, David ?

— Impec’ ! Je commencerai si tu veux. Au fait, tu as un portrait de ton zigue ?

— Oui, le voici, et une description détaillée également.

— Parfait.

David lut attentivement la feuille que lui avait présentée François.

— C’est bon, je devrais le reconnaître.

— D’autant que la rue n’est pas très passante.

— Ouais, pas top pour la discrétion !

— C’est pour cela que je me suis garé à distance respectable.

— Tu as pensé au café, j’espère ?

— Il y a une Thermos pleine dans ce rangement.

— Et du solide ?

— Au même endroit.

Les détails pratiques passés en revue, David s'étonna :

— Je me demande bien pourquoi Delair éprouve le besoin de venir relever son courrier.

— Il n'y a pas que toi. Mais s'il attendait quelque chose d'important et qu'il l'a reçu, il ne viendra plus.

— Tu crois qu'il agit pour le compte de quelqu'un ?

— Je ne sais pas pourquoi, mais je n'en ai pas l'impression.

— Ton flair… émit David avec une pointe d'ironie dans la voix.

Ils se turent, deux couples approchaient. Ils passèrent devant le domicile de Delair sans lui accorder le moindre regard et poursuivirent leur marche. Une heure et demie plus tard, une voiture s'arrêta devant un portail. Une femme en sortit, ouvrit le portail, rentra sa voiture, revint fermer. Cinq minutes après, ce furent deux scooters qui troublèrent le silence de la nuit. Et ce fut tout. François et David alternèrent veilles et plages de repos sans résultat. Sept heures sonnèrent. David qui s'était assoupi, bâilla et s'étira.

— On rentre, déclara François en repassant à l'avant du fourgon.

*

Une douche, des vêtements propres, un grand bol de café avalé en écoutant distraitement la radio, voilà comment François Paoli meubla le temps dont il disposait entre son retour de planque et la perquisition qu'il s'apprêtait à faire.

Il revint au domicile de Delair avec Tanguy Botrel, un serrurier et des agents de l'identité judiciaire aux alentours de dix heures. Après avoir trouvé deux témoins pour effectuer sa perquisition, il se présenta à la porte d'entrée, pressa plusieurs fois le bouton de la sonnette. Sans succès.

— Ouvrez cette porte, ordonna-t-il au serrurier réquisitionné tandis que Tanguy et lui enfilaient des gants.

Dès que la porte eut cédé à l'homme de l'art, Paoli et Botrel en tête, la petite troupe pénétra dans la maison. La première chose qui les frappa fut l'odeur.

— Ça sent la bouffe, dit Tanguy.

— Ouais, le curry, approuva François en entrant dans la cuisine.

— Bizarre pour une maison inoccupée, non ?

Il éclaira la pièce. La lumière tomba d'une suspension de style marin sur la table recouverte d'une toile cirée. Celle-ci était nette, tout comme l'évier et les plans de travail voisins. Ils changèrent de pièce. Le salon était meublé de deux banquettes en vis-à-vis, de part et d'autre d'une table basse sous laquelle s'étalait un tapis kilim. Dans un coin, un aquarium, peuplé d'une demi-douzaine de poissons multicolores. Contre un mur, une bibliothèque et une vidéothèque. Paoli et Botrel s'en approchèrent tandis qu'on effectuait des prélèvements sur les banquettes. Ils ouvrirent plusieurs boîtiers de vidéos, constatèrent qu'ils contenaient les films originaux et les remirent à leur place.

Botrel passa derrière un bar et fit signe à Paoli.

— Notre homme a bu en compagnie, dit-il en désignant deux verres sales.

D'un claquement de doigts, Paoli attira l'attention d'un homme de l'IJ et, l'index pointé vers le bas, lui indiqua de nouveaux prélèvements à effectuer. L'autre acquiesça de la tête.

— On continue ? La chambre ? Elle doit être à l'étage…

Ils accédèrent à la chambre par un escalier de bois verni. Paoli poussa la porte.

— Hé ! Quelqu'un peut monter ?

— J'arrive !

Sa valisette de matériel en main, un agent grimpa l'escalier.

— Me voici.

— Examinez le lit !

— Bien, Capitaine.

Paoli et Botrel s'effacèrent pour le laisser entrer. Ils le regardèrent travailler du seuil de la chambre.

— Il n'y a aucune trace de sang. Par contre, du sperme, oui, des cheveux et des poils pubiens aussi. Je vous récolte tout ça.

Tandis qu'il s'affairait à mettre en tubes et en sachets divers échantillons prélevés sur les draps, Paoli et Botrel ouvrirent la porte d'une deuxième chambre qui, selon les apparences, n'était pas occupée. Ils la refermèrent, poussèrent une troisième porte, celle de la salle de bains.

Dans un coin, un panier à linge sale béait. François Paoli plongea la main dedans et fit l'inventaire de son contenu. Rien que des effets masculins.

— Capitaine Paoli ? l'appela-t-on de la chambre. Venez voir ce que j'ai trouvé !

François revint sur ses pas.

L’agent de l’identité judiciaire tenait un slip féminin entre deux de ses doigts gantés.

— Où l’avez-vous trouvé ?

— Au bout du matelas, à la tête de lit.

— Pas de matériel spécial dans la table de chevet ?

— Non. Juste un magazine, un mouchoir et des pastilles pour la gorge. Et aussi un préservatif dans son emballage.

— Bien, continuez.

Il redescendit au rez-de-chaussée, ouvrit une à une les portes des divers éléments du living. De la vaisselle, des verres, une réserve de bouteilles et, enfin, des papiers, entassés dans des boîtes à chaussures. Essentiellement des factures, mais aussi des prospectus de centres de thalassothérapie décrivant les prestations offertes et leurs tarifs. Également, un magazine destiné à l’homme que François feuilleta.

— Tu as déniché quelque chose d’intéressant ? interrogea Tanguy en arrivant.

— Ça ! *Les valeurs de l’homme*, dit François en l’agitant.

— Oh ! Mais…

— Quoi ?

— J’ai déjà vu ce genre de littérature quelque part… Fais voir !

Tanguy tourna les premières pages.

— Ça vient d’un club de musculation, regarde, il y a le tampon de l’établissement.

— On s’y arrêtera sur le chemin du retour.

Le couinement des freins d’un vélomoteur leur fit dresser la tête.

— C'est le facteur, les renseigna l'un des témoins.

— Vous êtes sûr ?

— Oh, pour ça, oui ! On connaît bien ses accélérations et ses coups de freins.

— Oui, depuis le temps qu'il distribue son courrier sur sa mobylette qui grince !

Paoli demanda à Botrel de s'approcher et lui glissa quelques mots à l'oreille. Une sortie jusqu'au garage et le lieutenant revint en secouant la tête, il n'y avait pas de courrier.

*

Tandis que l'équipe de l'identité judiciaire poursuivait sa route sur Quimper, le capitaine Paoli et le lieutenant Botrel s'arrêtèrent à Pont-l'Abbé dans le club de remise en forme auquel appartenait le magazine découvert chez Alexis Delair.

Ils furent reçus par le gérant du club et lui montrèrent la photo du suspect.

— Oui, il fait partie du club, mais il n'est pas venu depuis un moment, déclara-t-il.

— Un moment… c'est-à-dire ?

— Environ un mois. Mais il n'est pas le seul, vous savez. En été, les adhérents viennent moins. C'est normal, avec les vacances…

— Comment se comportait Alexis Delair quand il venait ici ?

— Qu'entendez-vous par là, Capitaine ?

— Eh bien… Par exemple, est-ce qu'il roulait des mécaniques ?

— Oh, pour ça, nous avons un spécialiste, Dédé la Frime. Nous l'appelons comme ça depuis qu'il est revenu d'un concours de culturisme où il a fini deuxième. Mais, pour répondre à votre question, non, Alex ne roulait pas des mécaniques. En tous cas, pas ici. Pourtant, il aurait pu. Venez, je vais vous montrer quelque chose.

Il ouvrit un classeur et tourna quelques feuilles.

— Tenez. Ces images vous parleront mieux que moi. Cette photo a été prise le jour où Alex a commencé chez nous, il y a deux ans. Et celle-ci date de… trois mois. Voyez vous-même comment il a su tailler et sculpter son corps.

— En effet, c'est très parlant, approuva Tanguy Botrel en se penchant sur les clichés.

— Et il n'y a pas que le corps qui a changé, le mental aussi ! Au début, Alex se trouvait un peu maigrichon et mettait ses ratés en matière de conquêtes féminines sur le compte de son physique. Mais, depuis un bout de temps, ce ne serait plus pareil…

— Vous parlez au conditionnel, lui remarqua Paoli.

— Je me contente de vous rapporter ce qu'il m'a dit.

— Pourriez-vous être plus précis ?

— C'est que… je ne voudrais pas trahir la confiance que me font certains de mes clients, vous comprenez ?

— Très bien, oui. Mais vous nous obligeriez en parlant.

— Ça restera entre nous, le rassura Botrel.

Le gérant du club toussota dans sa main en cornet.

— Eh bien, souvent, Alex me racontait sa dernière sortie en club de nuit, que les femmes le dévoraient des yeux, qu'il faisait des jaloux parmi la gent masculine.

— Plus précisément, encore, l'encouragea Paoli.

— Selon ses dires, à chaque fois, il revenait chez lui avec une femme différente. On aurait dit qu'il avait une sorte de revanche à prendre sur son passé, je veux dire par rapport à son corps d'avant.

— L'avez-vous cru ?

— Je ne vois pas pourquoi il m'aurait menti, il était transformé. Un autre homme, je vous dis ! A l'aise dans sa peau, plus ouvert aux autres. Trans-for-mé !

— Eh bien, ce sera tout. Merci encore de nous avoir accordé quelques minutes.

Après s'être entretenus avec le gérant du club, Paoli et Botrel interrogèrent quelques-uns de ses membres. Ceux qui connaissaient Alexis Delair, de près ou de loin, confirmèrent les dires du gérant.

*

— Changement d'horaire pour la planque, les gars. Vous y allez maintenant.

— Mais… il est à peine 13 heures…

— Je sais, Tanguy. Et je n'oublie pas que tu as fait la perquise avec moi. Tu pourras récupérer demain si tu veux. Je ne vous oblige pas à rester confinés dans le soum' tous les deux ensemble, mais je veux que vous ayez toujours l'œil sur cette maudite boîte. Et si quelqu'un la visite, vous êtes priés de vérifier son identité.

— D'accord. Bon, on y va, Marc ?

— Pourquoi as-tu modifié la planque ? demanda David à François quand ils furent seuls.

— J'essaye de tout envisager, David. Il se peut que la vérification de la boîte aux lettres se fasse de jour.

— Dans ce cas, elle a très bien pu avoir eu lieu ce matin.

— Pendant la perquise ? J'en doute. J'ai posté un homme devant la boîte après le passage du facteur.

— Mais… depuis que vous êtes partis ?

— Ça, évidemment, c'est possible, concéda François.

— Alors, Tanguy et Marc vont planquer pour rien.

— Ou pas.

François ayant répondu d'un ton cassant, David comprit que la discussion était close. Ils se replongèrent dans leurs dossiers.

Au bout d'une heure, François s'arrêta et se mit à tourner comme un lion en cage.

Il attendait les premiers résultats des relevés effectués par l'identité judiciaire.

— Tu sais que tu ne les auras pas plus vite que si tu étais assis ? lui fit remarquer David.

— Désolé, je n'y peux rien. Tant que je ne saurai pas…

La sonnerie du téléphone lui coupa la parole. Il bondit sur le combiné et le décrocha. De sa place, David l'observait.

— Alors ? s'enquit-il une fois que François eut raccroché.

— Les divers phanères récoltés dans le lit de Delair appartiennent à deux personnes.

— Et les empreintes qu'ils ont relevées sur les verres ?

— Il semblerait qu'elles appartiennent à deux hommes. D'après les tailles…

— Celles de Delair et d'un complice ?

— Je ne crois pas à l'existence d'un complice. Pas après ce que j'ai entendu au club de gym. Et rappelle-toi les témoignages du soir de l'enlèvement que je t'ai donnés à lire. Tous parlent d'un seul homme, pas de deux.

François garda le silence pendant quelque temps. A le voir, David devinait aisément son agitation intérieure.

— Non… non, je ne crois pas, dit enfin François.

— Pourquoi ?

— Il a été témoin de ma faiblesse et en a profité pour enlever Clara pour lui. J'en veux pour preuves ces photos qu'il m'a adressées pour me narguer.

— Quelque chose m'échappe… Pourquoi voudrait-il te narguer ?

— Parce que je suis flic et que j'ai envoyé ses deux frères au trou, voilà ! Il n'a pas demandé de rançon aux parents de Clara, il n'a émis aucune menace, et les photos sont pour moi. C'est moi qui suis visé, David ! MOI !

— Dis donc, toi, tu ne serais pas en train de me faire un petit coup de paranoïa ?

— N'importe quoi ! rétorqua François en haussant les épaules, puis, il disparut dans la cuisine.

David le suivit. Comme François se servait un café, David lui tendit une tasse à son tour.

— Bon… Admettons que tu aies raison, peux-tu me dire pourquoi Delair a enlevé une femme que tu connaissais à peine alors qu'il aurait pu s'en prendre à ton fils ? Tu y as pensé, à ça ?

La tasse au bord des lèvres, François prit conscience de la question posée par David. Il dut se contrôler pour ne pas renverser son café, tant l'émotion qui prenait le pas sur sa fatigue le submergeait tout à coup.

— Non… non, je n'y avais pas pensé… Mais maintenant que tu viens de soulever la question…

Pendant quelques minutes, ils restèrent silencieux.

— Non, dit enfin François en secouant la tête. Non, c'est Clara qui l'intéressait. Il la "voulait".

— S'il la voulait, comme tu dis, il a certainement eu plusieurs occasions de s'en prendre à elle.

— Et c'est bien pour ça que je te dis et que je te répète que c'est moi qu'il vise à travers elle !

Cette fois, ce fut au tour de David d'analyser le raisonnement de François et de convenir qu'il tenait la route.

*

En début de soirée, après une permanence d'écoute nulle, le capitaine Paoli mit le système sous enregistrement. Puis il téléphona à ses hommes au soum'. Le lieutenant Botrel dont le tour de surveillance venait de s'achever, lui répondit qu'il y avait eu un peu de passage dans la rue, mais que personne ne s'était approché de la maison d'Alexis Delair. Il y avait juste eu un gamin qui était allé récupérer son ballon dans la cour.

— Quel âge, le gosse ?

— Pas plus de huit ans, je dirais.

— Et il n'a fait que ramasser son ballon ?

— Oui, et il est reparti jouer aussitôt.

— Bon, n'hésitez pas à m'appeler s'il y a du nouveau. Allez, bon courage, les gars !

Il coupa la communication, mit le téléphone cellulaire dans sa poche poitrine de polo, fit quelques pas et se laissa choir dans son fauteuil : il en avait plein le dos. L'instant suivant, il posait les coudes sur son bureau et se cachait le visage dans les mains. Ses yeux brûlaient de fatigue.

La sonnerie de son téléphone personnel le fit sursauter : François s'était assoupi. Il glissa la main gauche dans sa poche de pantalon et répondit :

— Oui ?

— Tu es toujours au travail, Papa ?

— J'allais partir, Pierre.

— A tout de suite, alors ?

— Oui, le temps de rentrer.

Il déplia son mètre quatre-vingts, attrapa sa veste et s'en alla.

Dix minutes plus tard, il retrouvait son fils en train de mettre le couvert.

*

A la première coupure publicitaire de l'émission de divertissement devant laquelle ils étaient assis, François éteignit le téléviseur et ordonna à son fils d'aller se coucher.

— Déjà ? Mais… pourquoi ? Y a pas école demain, c'est les vacances, plaida Pierre.

— Vacances ou pas, c'est l'heure. Allez, au lit !

— C'est pas marrant, je ne vois jamais...

— Ne discute pas, Pierre.

Pierre comprit que ce serait inutile. Boudeur, il traversa la pièce en traînant les pieds. Et se les prit dans le tapis. Par chance, il ne rencontra pas l'arête du plateau de la table, mais sa tête heurta violemment le pied le plus proche. Il hurla et se mit à pleurer.

Aussitôt, François se dressa de son fauteuil. Inutile de demander où Pierre s'était fait mal, une belle bosse était en train d'apparaître.

— Ça t'apprendra à traîner les pieds ! le réprimanda-t-il. Allez, debout !

— J'ai mal, se plaignit Pierre entre deux pleurs tandis que son père l'aidait à se relever.

— Ça va passer.

Un ton sec, aucune consolation, il n'en fallut pas plus pour que les pleurs de l'enfant redoublent.

— Pousse-toi, Copain ! ordonna François au labrador venu aux nouvelles.

Il souleva son fils, le porta dans son lit, se rendit à la cuisine pour y prendre de la glace qu'il mit dans un torchon.

— Mets ça sur ta bosse, je vais chercher de la pommade.

Il partit à la salle de bains, fouilla dans l'armoire à pharmacie où il trouva le tube de crème à l'arnica. Après avoir mis Pierre en pyjama, il lui appliqua un peu de crème, éteignit la lumière et ferma la porte. Il revint au salon et s'effondra dans son vieux club en cuir, épuisé.

Quelques instants plus tard, il entendit Pierre l'appeler. Il se releva en soupirant.

— Qu'est-ce qu'il y a encore ? demanda-t-il en rallumant.

— Je… j'ai… j'ai pas fait exprès, sanglotait Pierre, un filet de bave lui pendant de la bouche.

Il était assis au bord de son lit, le pyjama maculé de vomi, et tremblait. Ému par le désarroi de son fils, François s'approcha et lui répondit doucement :

— Non, je sais.

— Pardon…

— Viens. Tu vas te laver et te changer pendant que je nettoie le sol. Tu as vomi dans le lit ?

— Non.

Pierre revint au bout de vingt minutes dans un pyjama propre.

— J'ai mal à la tête, se plaignit-il.

— Beaucoup ?

— Oui.

— Bon, recouche-toi, je vais appeler le médecin.

Oubliée la fatigue du policier, place à l'inquiétude paternelle.

François composa le numéro de SOS Médecins.

*

Le lendemain matin, vers dix heures, c'est le pas pesant que le capitaine François Paoli monta l'escalier de la PJ. Il poussa la porte et salua David.

— J'ai effectué le relevé d'écoutes, il n'y a rien eu. A part ça, toujours rien du côté des barrages filtrants, et Marc et Tanguy viennent de téléphoner pour qu'on les relève.

— Ah, oui…

— Ça ne va pas, François ? Tu as l'air épuisé… nota David.

— C'est peu de le dire. Je descends de l'hosto, j'y ai passé la nuit… Pierre est hospitalisé depuis hier soir.

— Pierre ? Qu'est-ce qu'il a ?

— Une légère commotion cérébrale. Ils le gardent en observation jusqu'à demain matin.

— Comment s'est-il fait cela ?

Et François raconta.

— Tu devrais rentrer et dormir un peu, lui conseilla David.

— Non, on va retourner chez Delair et refaire une perquisition.

— Refaire une perquisition ? Pourquoi ?

— J'ai le pressentiment qu'on est passés à côté d'un truc.

— Quel genre ?

— Le tapis du salon ! C'est la chute de Pierre qui m'y a fait penser.

— Peux-tu être plus clair, s'il te plaît ?

— Quand on a perquisitionné hier, on a visité toute la maison. On a vu la cuisine, les chambres, la salle de bains et le salon… On a fouillé des meubles, presque retourné le lit…

— Oui, ben, la fouille tradi', quoi !

— Sauf que je n'ai pas pensé à soulever le tapis.

— Tu n'es pas le seul, Tanguy non plus n'y a pas pensé. Mais, dis-moi… Pourquoi éprouves-tu soudain de l'intérêt pour ce tapis ?

— Pour la bonne raison que j'imagine mal un type qui a quitté sa maison venir tous les jours relever son courrier au milieu de la nuit. C'est illogique.

— Et, selon toi, alors, quelle serait la logique ? Et que vient faire le tapis là-dedans ?

— Tu ne devines pas ? Une trappe ! répondit Paoli après avoir accordé un délai de réponse de cinq secondes à son ami.

— Et il vivrait là, comme une taupe ?

— Voilà pourquoi, nous devons retourner chez Delair. Pour en avoir le cœur net. Pigé ?

*

David Marchand toqua à la porte du soum'. Marc Renard ouvrit.

— Ah, vous voici ! On commençait à trouver le temps long.

— Du nouveau ? demanda François Paoli.

— Non, sinon on t'aurait prévenu.

— Où est Tanguy ?

— Parti boire un café.

— Bon, file le chercher, on vous attend.

Marc sortit du fourgon, revint peu après avec Tanguy.

— Salut !

— Salut Tanguy ! Le café était bon ?

— Correct, sans plus. J'en boirai un meilleur chez moi. Où avez-vous garé la bagnole ?

— Vous ne rentrez pas tout de suite.

— Ah, bon ?

— Non. François veut refaire une perquise chez Delair, annonça David.

— Hein ! Tu plaisantes ?

— Pas du tout. Tu te souviens du salon ?

— Ouais, en gros.

— Eh bien, c'est le détail que je veux. Tu sauras crocheter la serrure ?

— Je pense, j'ai bien regardé le serrurier.

— Alors, allons-y !

Les quatre hommes sortirent discrètement du fourgon et se dirigèrent vers la maison d'Alexis Delair. En quelques cliquetis d'outils, le lieutenant Tanguy Botrel parvint à ouvrir la porte. Le groupe se rendit directement au salon.

Paoli ordonna à Botrel et Renard de déplacer la table, puis à Marchand de soulever le tapis.

— Le parquet est récent, le tapis n'a pas eu le temps d'y laisser sa marque, nota-t-il.

— Effectivement.

Paoli et Marchand se penchèrent sur les lattes de bois.

— Tu vois quelque chose, David ?

La réponse tarda à venir.

— Non. On devrait sonder pour voir.

— Tu as raison, approuva François en prenant son arme.

Il se mit à genoux et commença à donner des coups sur le sol, ses trois comparses guettant toute modification de résonance.

Au bout d'un moment d'exploration sonore, personne n'avait rien perçu.

— Et merde ! jura-t-il en se relevant.

— Ouais, pas de chance. Pourtant ton idée tenait la route.

Alors qu'il ramassait son arme, son regard brun erra au dehors avant de se poser sur…

— Le garage !

Il jaillit de la maison, les autres le suivirent.

— Pareil ? l'interrogea Tanguy en sortant ses outils devant la grande porte coulissante à quatre panneaux.

— Pareil !

Fort de son précédent succès, le serrurier amateur se remit à l'œuvre. La porte – un panneau qui se pliait à l'intérieur – s'ouvrit.

Le garage était percé de deux petites fenêtres étroites, poussiéreuses et décorées de toiles d'araignées. Quelques outils accrochés à un mur, un établi en dessous ; le sol était en terre battue.

Regards, silence. Déception. Ils sortirent du garage, le refermèrent et regagnèrent le fourgon. Paoli congédia Botrel et Renard, puis monta dans le soum' en compagnie de Marchand.

— Tu veux un café ? Il reste deux sandwiches aussi, annonça David en ouvrant un placard.

— A quoi ?

— Fromage.

Ils mangèrent tout en surveillant la rue et la maison de Delair et virent le facteur arriver.

— Tiens, il a du retard, nota François. Et sa mobylette ne grince plus.

— Si ça se trouve, c'est un remplaçant. Dans mon quartier, on est à notre quatrième facteur depuis le début de l'été.

Ils suivirent la distribution du facteur.

— C'est bizarre… fit François.

— Quoi ?

— Depuis quelques jours, il n'y a pas eu une seule lettre déposée dans la boîte de Delair.

— Bah ! Ça peut arriver. Tout le monde n'a pas un courrier de ministre.

*

La nuit était tombée sur le petit port bigouden. Au ciel, quelques nuages s'étiraient paresseusement dans la voûte éclairée par la lune. Mais François Paoli ne les voyait pas : depuis une heure la fatigue l'avait vaincu, il dormait.

Une silhouette se dirigeait d'un pas décidé vers la maison d'Alexis Delair.

— François ! François, ça bouge ! le secoua David en parlant à mi-voix.

— Quoi ? demanda-t-il en émergeant de son sommeil.

— Il y a quelqu'un devant chez Delair !

L'annonce lui fit l'effet d'une claque.

— On y va !

Ils sortirent du soum', prirent le pas de course, arrivèrent juste à temps pour s'introduire chez Delair derrière la silhouette. Le premier sur elle, le lieutenant Marchand, la poussa à l'intérieur tandis que Paoli fermait la porte et allumait la lumière. Celle-ci jaillit d'une lampe sur pied et éclaira… une femme ! Il fallut trois secondes aux deux policiers pour se remettre de leur étonnement.

— Qui êtes-vous et que faites-vous ici ? questionnèrent-ils en sortant leurs cartes tricolores.

— Je suis une amie d’Alexis, je viens nourrir ses poissons.

— Comment vous appelez-vous ?

— Cathy Lautriou.

— Vous avez vos papiers ?

— Chez moi.

— Nous irons vérifier.

— Je peux ? demanda-t-elle en désignant l’aquarium du menton.

— Allez-y.

François et David suivirent Cathy. Elle prit un petit flacon de nourriture déshydratée dont elle tourna le bouchon distributeur.

— Ils doivent avoir faim, je n’ai pas pu venir depuis deux jours, dit-elle en saupoudrant la surface de l’eau.

— Vous venez tous les jours à la même heure ? questionna David.

— Non. Quand je peux.

Comme elle s’éloignait de l’aquarium, elle ne vit pas que les poissons ignoraient ce qu’elle venait de leur servir. Mais, David qui était resté à côté, si.

— Et vous relevez le courrier de monsieur Delair également ? interrogea François.

— Il m’a dit de le faire, oui. Mais il n’y a pas grand-chose.

— Qu’en faites-vous ?

— Je le garde chez moi jusqu’à son retour.

— Ah ! Parce qu’il est parti ? Pour combien de temps ?

— Ah, ça, je ne sais pas, répliqua-t-elle.

— Vous ne savez pas ? Pourtant, quand on confie sa maison à quelqu'un, on le prévient généralement de la durée de son absence.

— Il m'a dit qu'il me téléphonerait deux jours avant son retour. Comme l'autre fois.

— Où était-il allé ?

— A Banyuls.

— Il y était resté longtemps ?

— Entre le jour de son départ et celui de son arrivée, une dizaine de jours environ.

— Savez-vous ce qu'il était parti faire là-bas ?

— Oui, faire une cure de thalassothérapie.

— Et cette fois-ci, vous savez où il est parti ?

— Aucune idée. Mais il me le dira à son retour. Alex est un peu original, vous savez. Non, suis-je bête, vous ne le savez pas ! Excusez-moi, je dois aussi arroser les deux rosiers de devant.

Ils s'écartèrent, la suivirent à la cuisine où elle prit un seau sous l'évier qu'elle se mit à remplir.

— Depuis quand connaissez-vous monsieur Delair, madame Lautriou ?

— Un peu plus d'un an. Nous nous sommes connus au bal des pompiers, d'une façon peu banale. Alexis était en train de danser devant moi sur une chanson bien rythmée, « *Salsa du Démon...* » Soudain, alors qu'il venait de faire une pirouette, sa braguette s'est ouverte, faisant apparaître son sexe. Il n'avait rien sous son pantalon ! Eh bien, vous savez quoi ? Il a continué, comme si de rien n'était ! Même que je me suis demandée s'il n'était pas fier de lui.

— Cela vous a-t-il choquée ?

— Ça m’a un peu surprise, bien sûr, mais c’était tellement en accord avec la chanson…

— Et les gens autour de vous, comment ont-ils réagi ?

— Ça en a amusé certains, d’autres se sont éloignés, offusqués.

— Vous auriez pu lui proposer une épingle, histoire qu’il retrouve un peu de décence.

— Encore aurait-il fallu que j’en aie une !

— Et lorsque cette chanson s’est terminée… a-t-il remis de l’ordre dans sa tenue ?

— Plus ou moins… répondit-elle au bout d’un instant, en rougissant. Il y a eu les slows…

— Avez-vous eu un rapport avec lui ? crut deviner David Marchand.

— Non. Pourtant, je croyais que c’était ça qu’il voulait quand, après qu’on ait fini la série de slows, il m’a emmenée à sa fourgonnette.

— Que s’est-il passé alors ?

— Il m’a embrassée avant de m’amener ici et m’a offert un verre. On s’est assis, là, dit-elle en désignant une banquette. On s’est de nouveau embrassés… Il a défait les boutons de mon chemisier. « J’apprécie que tu ne portes pas de soutien-gorge », a-t-il dit, « ça me fait perdre moins de temps. » Il m’a caressé et embrassé les seins. Au début, c’était excitant, j’étais prête à m’offrir à lui, d’autant qu’il est bel homme et que je voyais dans quel état il était. Mais il a dit qu’il voulait seulement jouer. Il ne me touchait que les seins, surtout les bouts, et il a continué pendant un moment…

Tandis qu'elle continuait le récit de sa soirée, François Paoli imaginait Clara à sa place subissant le "jeu d'Alexis", comme il l'avait désigné lui-même à Cathy. Un jeu dans lequel Cathy – puis Clara ? – n'avait eu qu'un rôle d'accessoire, puis de spectatrice. Car ce que voulait Alexis Delair, c'était qu'elle le regarde, qu'elle l'admire, lui, le mâle qu'il était devenu, et en particulier son organe en érection.

Selon les déclarations de Cathy Lautriou, Alexis Delair s'était contenté – si l'on peut dire – de s'exhiber devant elle ; il n'y avait pas eu rapport sexuel. Mais, bien qu'il connût le casier judiciaire d'Alexis Delair, Paoli ne put s'empêcher de se demander s'il avait agi de même ou s'il était passé à l'acte forcé avec Clara. Et avec toutes les autres femmes rencontrées lors des week-ends passés, ce dont il s'était vanté au gérant du club de remise en forme.

— Pardon, excusez-moi.

Cathy le ramena au présent. Le seau était plein, elle se dirigea vers une des portes-fenêtres dont elle leva le volet roulant électrique en appuyant sur un bouton. Paoli suivit la montée des volets, attarda son regard au plafond. Elle partagea le contenu de son récipient entre deux rosiers, puis referma la grande baie vitrée coulissante.

— Et voilà, j'ai fini !

Alors qu'elle refermait le placard dans lequel elle avait remis le seau à sa place, quelque chose la perturba soudain :

— Vous êtes de la police, m'avez-vous dit, mais vous ne m'avez pas précisé ce que vous faisiez ici.

— Nous recherchons monsieur Delair.

— Dans le noir, nous vous avons prise pour lui, mentit effrontément David.

— C’est vrai que nous faisons à peu près la même taille, mais de là à me confondre avec lui. Vous n’êtes pas très physionomiste pour un fl… pour un policier, se reprit-elle.

— Excusez mon collègue, il a oublié ses lunettes, plaça rapidement François.

— Hum ! Pourquoi recherchez-vous Alexis ?

— Il semble qu’il soit impliqué dans une affaire de disparition. Celle de Clara Morvan.

— Ah, oui, l’employée des Cormorans ! J’en ai entendu parler à la télé et à la radio, effectivement. Et c’était dans les journaux aussi. Et Alexis serait mêlé à ça ? Ça me paraît invraisemblable.

— Vous avez d’autres tâches à accomplir ici ?

— Non. Les poissons, les rosiers, le courrier, c’est tout.

— Dans ce cas… fit David en ouvrant la porte.

Cathy sortit, suivie de François et David, et donna deux tours de clef dans la serrure.

— Eh bien, bonsoir, Messieurs…

— Pas si vite ! la rattrapa Paoli.

— Mais… que me voulez-vous encore ?

— Ne vous ai-je pas dit que nous vérifierions vos papiers ? Je vous accompagne jusqu’à chez vous, dit-il en faisant signe à David de regagner le soum’.

Il le rejoignit un quart d’heure plus tard.

— Tu ne devineras jamais ce que je viens d’apprendre.

— Eh bien, accouche !

— Cathy Lautriou travaille dans la même entreprise qu’Alexis Delair !

— Quoi ?

— Comme je te le dis ! Elle est secrétaire chez Breizh Domotix, une entreprise de domotique.

— La domotique… Ce n’est pas ce système qui permet de gérer l’ensemble des équipements électriques d’une maison ?

— Si, exactement, et cela peut se faire à distance. En général, même, ceux qui adoptent la domotique commencent par faire poser un système de surveillance.

— Je n’ai rien remarqué de tel, ni dehors, ni dedans.

— Moi non plus. D’ailleurs, s’il y en avait eu un, Cathy Lautriou ne serait pas entrée aussi vite dans la maison et, avant ça, nous aurions eu des problèmes lors de nos perquisitions.

Ils s’interrompirent quelques instants.

— Ton avis, François ?

— Delair est dans les parages. Tu as vu les poissons ?

— Ah ! Toi aussi, tu as remarqué qu’ils ne se précipitaient pas sur leur bouffe ?

— Et si Cathy Lautriou ne les a pas nourris pendant deux jours, c’est que quelqu’un d’autre l’a fait : Alexis Delair.

— C’est aussi ce que j’ai pensé, mais… Par où est-il passé ? Il a joué au passe-muraille ?

— Presque ! Mais pas tout à fait, répliqua François. Le sondage sonore du sol n’ayant rien donné, j’ai abandonné l’idée de la trappe… Il est passé par une fenêtre.

— Une fenêtre ? Mais… elles sont toutes fermées par des volets !

— Exact, mais pas n'importe quels volets. Les deux grandes baies vitrées du salon sont munies de volets roulants électriques, n'est-ce pas ?

— Ben, oui… Cathy Lautriou en a ouvert un devant nous.

— Eh bien, ils peuvent se lever par commande extérieure.

— Quoi ?

— Tu n'as pas vu les petits boîtiers radio fixés tout contre les coffres des volets roulants ?

Non, David ne les avait pas remarqués. François poursuivit :

— Une simple pression sur une télécommande et le tour est joué ! Delair peut entrer chez lui, côté jardin, ni vu ni connu ! Voilà un intérêt de la domotique.

— Et comment peut-il ouvrir les baies ?

— Je suppose que les deux déverrouillages sont couplés…

— Ta théorie est séduisante, mais…

David s'interrompit et mit ses cellules grises au travail.

— Alors… il viendrait, non pas par la terre, mais par… la mer ?

— C'est ce que veut la logique et nous allons vérifier cela.

Ils ressortirent du fourgon et marchèrent jusqu'au bout de la rue. En prenant à droite, ils se trouvèrent face à la mer.

— Tu crois qu'il accoste ici ?

— Ici ou un peu plus loin. Cette rue et celle de la Pointe sont aussi proches l'une que l'autre de chez lui, cent mètres, cent cinquante au plus.

— Mais alors, si Delair emprunte ce passage, le soum' est mal placé !

François en convint, mais argua, à sa décharge, que le fruit de leur observation et de leur réflexion venait tout juste de tomber de l'arbre de l'investigation.

— Et puis… tu as vu comme c'est étroit, ici ? On aurait été repérés tout de suite, fit François en repartant vers le fourgon.

— Il faudrait planquer en mer.

— Je me demande bien avec quoi.

— Tu oublies que j'ai un bateau, avec même plus de confort que dans le soum' !

Ils remontèrent à bord du fourgon et n'allumèrent le plafonnier qu'une fois la porte fermée. François attrapa la Thermos de café.

— Il est encore chaud ? s'enquit David.

— Ça peut aller, répondit François en servant son ami.

Ils s'assirent côte à côte sur une des banquettes. Vers trois heures du matin, après avoir tourné pour la cinquième fois dans le quartier, le capitaine Paoli décida l'abandon de la planque. Comme il s'était mis à bâiller tant et plus, il confia le volant au lieutenant Marchand.

— On va aller chez moi à Sainte-Marine. Comme ça, je préparerai mon bateau en attendant le coup de fil de ta décision.

— D'accord, approuva François en se calant dans l'encoignure de la portière.

*

En remontant de la promenade hygiénique du chien, François téléphona au service de pédiatrie. Les nouvelles étaient bonnes, Pierre allait bien mais ne pourrait sortir qu'en début d'après-midi.

Il promit à son fils de venir le chercher et de passer l'après-midi avec lui.

Pour l'heure, il était temps qu'il se prépare pour se rendre au travail. Aussi se déshabilla-t-il et se glissa-t-il sous la douche où il resta quinze minutes à se faire masser la nuque et les épaules par la pluie tiède jaillissant du mur.

Mais il savait que ce serait insuffisant, il avait accumulé trop d'heures de veille pour récupérer le temps d'une douche.

Une fois rasé, il ouvrit la penderie de la chambre, y prit une tenue légère qu'il enfila. Il donna un semblant de discipline à ses cheveux en gagnant la cuisine où il avala son café. Puis il attrapa clef de voiture et téléphone mobile et sortit.

Après une traversée plutôt calme de la ville, il gara l'Audi et grimpa à la PJ.

— Bonjour, Messieurs !

A sa façon de les saluer, Tanguy Botrel et Marc Renard devinèrent l'imminence d'une réunion générale.

Ce qui se confirma lorsque Paoli ordonna à Botrel de convoquer Verdier.

— Mais… je croyais que tu l'avais éloigné pour quelques jours…

— J'ai changé d'avis, c'est tout. Et dis-lui de se ramener en quatrième vitesse, d'accord ?

Pendant que Botrel rappelait Verdier, Paoli consulta les divers fax arrivés : relances d'avis de recherches, diffusion de portraits robots de criminels ou d'objets de valeur dérobés lors de cambriolages.

— Amaury arrive d'ici dix minutes, un quart d'heure, annonça Botrel.

— Bien.

Peu après le quart d'heure prévu, Amaury Verdier fit son entrée en s'excusant :

— Désolé, j'ai dû suivre une déviation.

Dès que Verdier se fut installé, Paoli commença son exposé, c'est-à-dire le compte rendu de sa planque avec Marchand et les conclusions qu'ils en avaient tirées. Puis il passa à la deuxième phase, à savoir la mise en place de son "plan d'occupation du territoire", ainsi qu'il le nomma lui-même.

Ses hommes réagirent par des hochements de têtes silencieux.

— Des questions ?

— Quand mettons-nous le dispositif en place ? demanda Amaury Verdier.

— Immédiatement. David attend mon feu vert pour quitter Sainte-Marine. Tu es venu en moto, Marc ?

— Oui.

— Alors, fonce à Sainte-Marine ! Je préviens David que tu arrives.

— OK, je ne suis plus là ! dit Marc en claquant la porte.

— Quant à vous deux, vous prenez le petit soum'.

— Tu crois que les riverains ont repéré le gros ?

— Je ne sais pas, mais on n'est jamais assez méfiant.

— On lui garde son immat' ou on la change ?

— Non, laissez-le en 29, ça attirera moins l'attention qu'une immatriculation étrangère, mais changez de lieu de stationnement.

*

François et Pierre sortirent de l'hôpital et embarquèrent dans l'Audi.

— Tu n'as pas amené Copain ? demanda l'enfant.

— Je monte directement du bureau, Pierre. Je n'ai même pas mangé.

— Tu as plein de travail, alors ? Mais… tu avais dit qu'on passerait l'après-midi tous les deux.

— Je sais et c'est ce qu'on va faire. Ensuite, madame Coadou viendra te garder.

— Encore madame Coadou ? Pourquoi t'as pas demandé à Marine ?

— Parce que je n'ai pas vu Marine et que je paye madame Coadou.

Pierre n'insista pas, trop heureux que son père tienne sa promesse.

Arrivés à l'appartement, l'enfant eut droit aux manifestations de joie du labrador.

— Va te changer, lui ordonna François quand le calme fut revenu. Je vais en profiter pour manger quelque chose.

Tandis que Pierre s'exécutait, François se confectionna un steak tartare de bonne taille qu'il accompagna de haricots verts.

— Je peux en avoir une ? interrogea Pierre en voyant François prendre une crème brûlée dans le frigo.

— Tu n’as pas assez mangé à midi ?

— Si, mais j’adooore la crème brûlée. Je peux ?

François donna son accord et ils dégustèrent leur entremets l’un à côté de l’autre, sous le regard allumé par la gourmandise de Copain. Le chien eut droit de passer la langue dans les petites barquettes en aluminium.

Une grosse demi-heure plus tard, François et Pierre foulaient le sable chaud de la grande plage de Beg-Meil.

Ils s’installèrent et descendirent à l’eau.

— Tu vas aller loin, Papa ?

— Tu vois le bateau bleu, là ? Et la boule jaune un peu plus loin ?

— Oui…

— Eh bien, je vais d’abord aller au bateau, puis à la boule et je reviens.

— Et moi, jusqu’où j’ai le droit d’aller ?

— Jusqu’à la troisième boule rouge et tu restes dans la zone de surveillance, d’accord ?

— Oui, Papa.

François s’éloigna dans un crawl impeccable. Vingt minutes plus tard, il sortait de l’eau et cherchait Pierre du regard. Il le trouva à une dizaine de mètres de là, en train de jouer avec un autre gamin de son âge.

— Je peux rester jouer avec lui ? On a décidé de faire un château. Regarde, on a commencé.

— D’accord.

François remonta la plage, s’allongea sur son drap

en éponge, ferma les yeux et glissa dans les bras de Morphée.

— Papa ! Papa, ton téléphone sonne !

A peine réveillé, il attrapa son pantalon, en sortit le petit mobile et l'ouvrit :

— Oui ? Ah, c'est toi, David ! Tu es arrivé ? Bien… A toi de voir, tu fais comme tu le sens. Je rentre sur Quimper dans cinq minutes, je serai là-bas dans une heure environ. Tu as pris contact avec le soum' ? Bon, parfait. A plus !

La communication coupée, il leva les yeux vers son fils.

— Il faut qu'on rentre maintenant, Pierre.

— J'avais deviné.

— D'ailleurs, ajouta François en consultant sa montre, madame Coadou ne va pas tarder.

Père et fils se rhabillèrent, rassemblèrent leurs affaires et remontèrent vers la dune.

VII

Pierre confié à la garde de madame Coadou, François prit la route du Cap Caval. Tout en roulant sur la Transbigoudène, il repensa au dispositif qu'il avait établi. Si Alexis Delair devait venir, il ne leur échapperait pas, que ce soit par terre ou par mer.

Il arriva à Léchiagat par le pont, puis tourna à droite et longea l'avenue du Port jusqu'à parvenir à la pointe. Là, il s'arrêta et sortit une paire de jumelles de sa boîte à gants. Il ne lui fallut que quelques secondes pour repérer le bateau de David Marchand. Il prit son téléphone et l'appela :

— David, je suis arrivé, annonça-t-il. Rien de neuf ?

— Rien à signaler pour l'instant, à part que mon mousse s'essaye à la pêche.

— Marco ? Et ça donne ?

— Ça donne le change, oui, mais sinon, rien !

— OK, je vous laisse, répliqua Paoli en riant.

Il coupa la communication, repartit au ralenti en suivant le front de mer et vit le petit soum'. Il n'y avait qu'un seul homme à bord : Tanguy Botrel.

Paoli roula un peu sur la rue de l'Océan, puis reprit son téléphone :

— Tanguy, où est Amaury ?

— Il est allé faire quelques pas. Je le vois qui revient.

— Bon. Dès qu'il arrive au soum', vous me rejoignez Rue de l'Océan.

— D'accord.

Cinq minutes passèrent et le soum' se rangea derrière l'Audi de Paoli. Le Corse sortit de voiture, les deux autres l'imitèrent.

— Rien à signaler, François, dit le lieutenant Botrel.

— Si tu veux mon avis, Delair ne se pointera pas.

— Pourquoi ça ?

— Tu nous as bien dit qu'il était en relation avec une certaine Cathy, je crois…

— Cathy Lautriou, oui, Amos. Et alors ?

— Imagine qu'il l'appelle et qu'elle lui raconte que David et toi lui êtes tombés dessus…

— J'y ai pensé.

— Et… ?

— Elle est sur écoute depuis la fin de la matinée.

— Et son écoute à lui, ça donne ?

— Toujours rien pour l'instant. Je me demande bien où il est et ce qu'il fout.

— Il a peut-être changé de bigophone, émit Amaury. Et si c'est le cas…

— Tu oublies que j'ai fait mettre sa mère et Jean-Philippe Bourg sur écoute également.

Le téléphone de Paoli sonna. Il établit le contact, écouta son correspondant, lança un « J'arrive ! » et referma son portable.

— Les résultats des prélèvements effectués chez Delair viennent de tomber, annonça-t-il à ses collègues qui l'avaient interrogé du regard. Je rentre sur Quimper.

*

Il grimpa deux par deux les marches qui menaient au service de la police technique et scientifique.

— Alors ?

— Voici le rapport complet.

— Donne-le-moi oralement et dans les grandes lignes, ça me suffira pour le moment.

— Comme tu veux. Je commence par les deux verres du salon de Delair. Le premier jeu d'empreintes est à lui, le second à un dénommé Jean-Philippe Bourg, moniteur d'école de voile. Le type n'a pas de casier, mais comme son nom apparaissait souvent sur le relevé téléphonique de Delair, on a pensé faire le rapprochement et on a vérifié ses empreintes par rapport à sa carte d'identité.

— Attends, attends… Qu'est-ce que tu viens de dire, concernant la profession de Bourg ? Qu'il est moniteur de voile ?

— Oui, au club de voile de Penmarc'h.

— Bon sang ! fit Paoli en se frappant le front du plat de la main. Comment n'ai-je pas percuté plus tôt ?

— Tu le connais ?

— Je l'ai rencontré deux fois, au début et à la fin du stage de voile de Pierre.

— Je continue ?

— Vas-y, je t'écoute.

— Les phanères prélevés dans le lit de Delair… Là, évidemment, il y en a qui lui appartiennent. Les autres sont ceux de Clara Morvan.

— Vous… vous êtes sûrs ?

— Oui, on a fait des comparaisons d’ADN avec les échantillons prélevés chez elle. Ça ne va pas, Capitaine ? s’inquiéta l’agent en voyant Paoli changer de couleur.

— Si, si…

Il savait qu’il ne devait pas laisser l’affectif prendre le pas sur son travail, pourtant, c’est ce qui était en train de se passer. Il fit un effort pour se ressaisir.

— Pour les phanères… tu peux préciser ?

— Bien sûr ! Pour ce qui est des cheveux, la plupart de ceux récoltés sont ceux de Clara Morvan. Tous étaient au même endroit du lit. Par contre, les autres, ceux d’Alexis Delair, il y en avait un peu partout. Normal, me diras-tu, c’est son lit. Oui, mais ce que l’on peut déduire de cette localisation des cheveux, c’est que Clara Morvan est restée à la même place, qu’elle y ait été contrainte ou pas. Alors que la dissémination des cheveux de Delair nous suggère une certaine mobilité du personnage. Et cela nous est confirmé par les traces de sperme et les poils pubiens.

— Pardon ?

— Les draps étaient maculés de différentes taches de sperme ; je te précise tout de suite qu’il n’y en avait qu’un, celui du suspect. Vu leur localisation sur le drap du dessous, on suppose qu’il s’est fait plaisir à côté de sa victime ou face à elle, les poils pubiens recueillis étant très majoritairement les siens. Pour être précis, on n’en a trouvé que quatre de la jeune femme. Au vu de tous ces éléments, on peut raisonnablement imaginer que le suspect s’est masturbé plusieurs fois devant sa victime.

— On peut aussi imaginer qu’il a pu la posséder…

— Non, car, alors, on aurait trouvé des traces biologiques marquées par l’ADN de la jeune femme. Ce n’est pas le cas.

— Peut-être pas dans le lit, mais ailleurs ? Dans la salle de bains, par exemple…

— On a effectué des tas de relevés d’empreintes… Mais après analyse, il s’avère qu’on a trouvé une seule empreinte de la jeune femme sur le bois du lit. Et uniquement là.

— Les squames ?

— Pareil. Pas de squames féminins ailleurs que dans le lit de Delair.

— Et les traces de pas ? Vous y avez pensé, aux traces de pas ?

— Oui, rien que du 44 ! Tantôt avec chaussures, tantôt sans. Ce qui nous amène à la conclusion que la jeune femme n’a pas touché le sol de cette maison. Si je puis me permettre, je dirais qu’on a affaire à quelqu’un de très prudent.

Paoli médita ces paroles quelques secondes, puis :

— Mais… et dans le salon… sur les banquettes ?

— Des cheveux féminins, oui, mais pas un seul de la disparue. Les résultats sont formels.

— Bon… soupira Paoli. Eh bien, je te remercie. Toi et ton équipe avez fait du bon travail…

— Tu me remercies, tu me félicites, cependant tu as l’air désappointé, je me trompe ?

— Je suis surtout fatigué, avoua Paoli en serrant la main du technicien.

Le rapport de police scientifique en main, il redescendit lentement et gagna son bureau.

— Jean-Philippe Bourg… Quel lien peut-il exister entre Delair et lui ? Qu'est-ce qui peut bien rapprocher un moniteur de voile et un technicien en domotique ? Il va falloir creuser ça.

Certes, mais cela attendrait le lendemain. Il fit un dernier relevé d'enregistrement des écoutes, constata qu'aucune communication n'avait été passée entre les différentes lignes mises sous surveillance et relança l'enregistrement pour la nuit.

*

— Dis donc, Pierre… fit François en relevant le nez de ses mots croisés.

— Oui ?

— Tu te souviens de ton moniteur de voile ?

— Jean-Phi ? Oui, pourquoi ?

— Tu peux m'en parler un peu ?

— Ben… qu'est-ce que tu veux que je te dise ? Il était assez gentil, mais ça lui arrivait de crier quand y en avait qui n'écoutaient pas… Comme à l'école, quoi !

— Tes cours, ils commençaient toujours à l'heure ?

— Oui, même que Jean-Phi n'aimait pas quand certains arrivaient en retard. Et quand on était sur l'eau, il y avait un autre mono avec lui, Sébastien, pour faire la sécurité.

— Réfléchis bien et dis-moi, te rappelles-tu si Jean-Phi était là le dernier jour de ton stage ?

— Oui.

— Tu en es bien sûr, Pierre ?

— Oui, sûr et certain. Même qu'on est allés sur l'eau le matin et qu'on a nettoyé les bateaux avec Sébastien l'après-midi.

— A part les gens de l'école de voile et les parents de tes petits camarades, est-ce que tu as vu quelqu'un que tu ne connaissais pas ?

— Ben, y a eu un docteur, une fois, parce qu'une fille était malade… Sinon, il y avait souvent des gens qui restaient nous regarder, surtout quand on allait mettre les bateaux à l'eau.

— Beaucoup de gens ?

— Ça, je ne pourrais pas te dire combien, parce que je ne restais pas les compter et j'étais occupé à gréer.

— Tu m'as déjà raconté que tu finissais souvent dans les premiers.

— C'est vrai, je ne t'ai pas menti, et après j'allais aider les filles.

— Donc, si je te montre la photo de quelqu'un, tu ne pourras pas me dire si tu l'as vu…

Pierre fit non de la tête.

— Bon, ça ne fait rien. Merci.

François reprit sa grille, tandis que Pierre ajustait quelques pièces à son puzzle.

— Quelle photo tu voulais que je regarde, Papa ?

— Pourquoi ? Tu te rappelles quelque chose ?

— Tu sais le matin où je t'ai laissé un mot sur la table… tu étais parti le soir avant… Tu te rappelles ?

Et comment qu'il s'en souvenait !

— Oui…

— Eh ben, ce matin-là, le cours a débuté un peu plus tard. On a vu un monsieur sortir du bureau de Jean-Phi.

— Je sais que ce que je vais te demander n’est pas très facile après tout ce temps, mais est-ce que tu pourrais me le décrire ?

Après avoir dodeliné du chef de droite et de gauche, Pierre se lança :

— Il était grand et costaud, même que Kelly… tu sais, ma copine Kelly… eh ben, elle a dit qu’il ressemblait à Superman. Et j’étais d’accord.

— Une seconde.

François se leva, prit la photo d’Alexis Delair dans son blouson et la plaça sous les yeux de son fils.

— C’est ce monsieur-là ?

— Oui, c’est lui ! Il est sorti du bureau, il a agité la main pour nous dire au revoir et il est parti.

— Il est monté dans une voiture ?

— Non, il a descendu la plage et il a pris un petit canot pour aller sur un bateau.

L’information était de taille !

— Comment était le bateau ?

— C’était un bateau avec une cabine. Il a amarré le canot à une bouée et il est parti sur l’autre bateau.

— Tu as vu son nom ou son numéro ?

— Non, on pouvait pas à cause du soleil dans les yeux. Et puis, Jean-Phi a commencé le cours.

— Ah !

— Dis, Papa… c’est important, ce que je viens de te dire ?

— Ça peut m’aider, oui, répondit François en attrapant son téléphone professionnel. Ça va, David ?

— Calmos, mon équipier se repose.

— Pas de déplacement suspect ?

— Non, ni sur mer, ni sur terre. J'ai contacté le soum' tout à l'heure. Tu as du nouveau ?

Après avoir fait signe à Pierre qu'il était l'heure de se coucher et quand l'enfant fut parti, François rapporta son témoignage à David.

— Si Delair a laissé le canot à la bouée, à Penmarc'h, comme te l'a dit Pierre, il y a fort à parier que le bateau ne lui appartient pas.

— C'est aussi ce que j'ai pensé. Mais s'il s'en est servi pour aller de Penmarc'h à Léchiagat, il lui a fallu une autre annexe pour gagner la terre ferme et rentrer chez lui.

— Probablement. Ou alors… c'est l'inverse.

— L'inverse ?

— Eh bien, oui ! Le bateau appartient bien à Delair et il aura emprunté l'annexe de quelqu'un quand il a mouillé à Penmarc'h ! Tu piges ?

— Ouais, ça y est.

— Il y a bien quelques canots ici et là, mais personne ne s'en est approché depuis que j'ai jeté l'ancre. Mais, ne t'en fais pas, si ça bouge, je te préviens.

— OK, ça marche ! Et demain, j'irai poser quelques questions à monsieur Bourg. *Awedecci* ! (Au revoir)

— *Kenavo* !

*

Le lendemain, de bonne heure, le capitaine Paoli se rendit à l'école de voile qu'avait fréquentée son fils. Il frappa à la porte du bureau du directeur.

— Entrez !

— Bonjour monsieur Bourg ! Capitaine Paoli, PJ.

— Bonjour. Que puis-je pour vous ?

— Répondre à quelques questions.

— Asseyez-vous, je vous en prie. J'espère que ce ne sera pas trop long, car j'ai un cours dans dix minutes, dit-il en désignant une chaise au policier.

— Connaissez-vous Alexis Delair ?

— Oui.

— Depuis quand ?

— Six mois, à peu près… non, plus ! Ça remonte au mois d'octobre dernier quand je me suis inscrit au club de remise en forme de Pont-l'Abbé. C'est là que nous avons fait connaissance.

— Vous fréquentez le club ?

— Je le fréquentais, rectifia Bourg. Avant l'été. Je n'ai pris que six mois d'abonnement. J'y allais une fois par semaine, histoire d'entretenir un peu ma forme.

— Et, depuis, vous avez conservé des liens ?

Jean-Philippe Bourg approuva d'un hochement de tête.

— Comment cela se traduit-il ?

— Pardon ?

— Vous voyez-vous souvent ? Que faites-vous ensemble ?

— Oh, je vois ! Café ? proposa Bourg en se versant une tasse.

— Non, merci.

Il accorda le temps de boire deux gorgées à Jean-Philippe Bourg.

— Alors ?

— Alexis m'a demandé quelques conseils de navigation côtière.

— Il possède un bateau ?

— Oui, à moteur.

— Êtes-vous déjà monté à bord ?

— Oui, plusieurs fois. Alex voulait que je lui montre comment éviter les pièges des Étocs.

— Les Étocs ?

— Oui, ces rochers que vous voyez là-bas. Vous les voyez ? Eh bien, selon les marées ou les courants ou le temps, ce sont de redoutables écueils.

— Hon, hon… je vois.

— Et puis, il voulait aussi savoir naviguer de nuit ou par visibilité réduite. Aux instruments, quoi ! Donc, je lui ai donné des cours particuliers.

— Quel est le nom de son bateau ?

— La Rieuse, comme la mouette.

— Quand avez-vous vu Alexis Delair pour la dernière fois ?

— Hou ! Alors, là… Ça doit faire deux semaines, au moins. Si ce n'est plus.

— Pouvez-vous être plus précis, monsieur Bourg ?

— Une minute.

Jean-Philippe Bourg saisit un grand calendrier cartonné, suivit les dates de l'index en les commentant à mi-voix. Enfin, il s'arrêta à l'une d'elles et la donna à Paoli.

— Il avait passé la nuit en mer, mais au moment de faire du café, il s'est rendu compte qu'il n'en avait plus. Les commerces n'étant pas encore ouverts, il est venu à terre voir si je pouvais le dépanner d'un paquet de café.

— Et vous en aviez ?

— Oui. J'ai toujours quelques provisions en réserve, comme du café, du thé ou du chocolat, du sucre et du lait, cela au cas où un de mes mousses aurait besoin de réconfort après un dessalage accidentel.

— Donc, vous lui avez fourni un paquet de café et il est parti ?

— Oui, et quelques biscuits également.

Le capitaine Paoli regarda la mer par la fenêtre.

— Est-ce qu'il avait un passager ou… une passagère à bord ?

— Je ne saurais vous le dire. Il va falloir que vous m'excusiez, car mes élèves vont arriver.

— Oui, bien sûr. Merci de m'avoir accordé ces quelques minutes. Au revoir, monsieur Bourg.

Paoli ressortit du bureau, regagna lentement sa voiture, s'assit derrière le volant, mais ne démarra pas immédiatement. Il réfléchissait. Il n'avait pas lieu de croire que Bourg lui avait menti, l'autre ayant répondu sans détour à toutes ses questions.

Cependant, il avait omis un détail. Il ressortit de voiture et retourna au bureau de Bourg.

— Désolé de vous déranger à nouveau… J'ai encore une question. Ce matin-là, celui où Alexis Delair est venu vous demander du café, sa voiture était-elle dans les parages ?

— Non, sinon je l'aurais vue.

— Vous rappelez-vous où il allait ?

— Il m'a dit qu'il rentrait sur Léchiagat.

— Bien, merci.

Ces dernières précisions, loin d'éclairer la lanterne du Corse, le laissaient de plus en plus perplexe quant à l'emploi du temps d'Alexis Delair le soir de l'enlèvement. Toutefois, de cet entretien était sortie la confirmation d'un élément : le ravisseur avait pu – et même avait dû – se déplacer par voie maritime. Quoi de plus aisé, ensuite, que d'entrer chez lui grâce au système domotique installé ?

Il roulait en direction du Guilvinec, quand un détail de son entretien avec Bourg lui revint : la Rieuse était un bateau à moteur. Et qui dit moteur, dit carburant, donc nécessité de s'approvisionner pour se déplacer. Et une fois le plein de gazole fait, il fallait payer…

Il arrêta sa voiture de fonction près des affaires maritimes. Là, en quelques minutes, on lui confirma le nom et la nature du bateau de Delair et on lui donna son immatriculation.

Fort de ce renseignement, il marcha jusqu'à la coopérative. Il s'approcha d'un responsable et lui montra sa carte tricolore. A la question que Paoli lui posa, l'employé répondit que les particuliers ne pouvaient pas s'y ravitailler, qu'ils devaient soit remplir leurs réservoirs à une pompe publique, soit se faire livrer par un détaillant de produits pétroliers.

Paoli remercia et repartit vers sa voiture. Il emprunta la rue Jacques de Thézac, franchit le pont et suivit l'avenue du Port de Léchiagat. Parvenu Rue de la Pointe, il sortit une puissante paire de jumelles et la braqua sur la mer immobile à cette heure.

Lorsqu'il eut observé tout ce qui flottait, il pointa les jumelles sur le bateau de David et lui téléphona.

— Alors, on se la coule douce, à ce que je vois…

— Autant en profiter un peu, non ?

— Toujours rien ?

— A part deux nanas qui ont failli louper leur virement de bord et heurter mon bateau, non.

— Bon, vous pouvez rentrer.

— Delair a été arrêté par un barrage routier ?

— Non.

— Alors, je ne comprends pas.

Et Paoli lui fit un point sur les derniers éléments obtenus.

— Tu veux vraiment qu'on parte ?

— Oui.

— D'accord. On lève l'ancre dans cinq minutes.

Le départ de David étant imminent, il ne restait plus qu'à dire à Verdier et Botrel d'abandonner leur surveillance.

*

Il était neuf heures trente lorsqu'ils pénétrèrent dans l'antenne de PJ.

Tandis que le lieutenant Botrel consultait les fax, le lieutenant Verdier releva les écoutes téléphoniques.

— On a quelque chose, François ! annonça-t-il.

Aussitôt le capitaine Paoli s'approcha. Après quelques manipulations, on entendit :

« — *Salut M'man !*

— *Alex ! A cette heure-ci ! En plein milieu de mon film !*

— *Ben, oui… Désolé, mais je ne vais pas être long.*

— *Bon…*

— *Ton rôti est toujours bon.*

— *C’est gentil, mais je n’ai pas envie de perdre le fil de mon histoire. A bientôt !*

— *Oui.* »

Le silence retomba.

— Curieuse conversation ! fit Verdier.

— En tous cas, on ne peut pas dire qu’il ait mobilisé la ligne pendant longtemps, remarqua Botrel.

— Vingt secondes, grand max, annonça Verdier.

— Quand a-t-il passé son appel, Amos ?

— Hier soir, à 21 heures 30.

— Et il a téléphoné à sa mère pour lui dire que son rôti était bon ? s’étonna Botrel.

— Pas tout à fait, plaça Paoli. Il a dit : « ton rôti est “toujours” bon. »

— Quelle différence cela fait-il ?

— Ça veut dire qu’il s’invite chez sa mère. Et le fait qu’elle lui réponde : « A bientôt ! » signifie qu’elle est d’accord.

— Mais… mais alors, il est en route pour Audierne ! réagit Verdier.

— Ou il s’y trouve déjà. Ou encore, il l’a appelée dès son arrivée là-bas hier soir.

— Dans ce cas, il ne nous reste plus qu’à prévenir les gendarmes d’Audierne pour qu’ils fassent une descente chez madame Delair et qu’ils le coincent ! dit Verdier en mettant la main sur son téléphone.

— Fais-le toujours, mais je crains que cela soit inutile.

Sa phrase laissa ses deux hommes interloqués.

— Si Delair est en fuite, et je crois que c’est le cas, il a douze bonnes heures d’avance sur nous.

— Alors, que faisons-nous ?

— Comme l’a suggéré Amos, demandons aux gendarmes d’Audierne d’aller chez sa mère pour l’interroger.

— Tu ne crois pas qu’on ferait mieux d’y aller nous-mêmes ? proposa Botrel. Le temps qu’on leur téléphone, qu’on leur explique, qu’ils se déplacent, on aura aussi vite fait. Sans parler du fait qu’en y allant en voiture banalisée, madame Delair ne se doutera de rien. Par contre, si elle voit le bleu typique du break Peugeot de gendarmerie…

La réflexion de Tanguy Botrel était juste.

— D’accord, allez-y, accepta Paoli. Et moi, je contacte immédiatement le parquet pour qu’on mette la gendarmerie maritime et la marine sur le coup.

— La marine ?

— Je voulais dire les sémaphores, des fois que…

*

Lorsque David Marchand et Marc Renard arrivèrent à leur tour à la PJ, le tandem Verdier-Botrel était en train de rendre compte de sa virée à Audierne à Paoli.

Dans un premier temps, questionnée par le lieutenant Verdier, madame Delair avait nié avoir vu son fils cadet. Mais les témoignages des voisins interrogés par le lieutenant Botrel ayant infirmé ses propos, les deux policiers étaient revenus à la charge. Et c’est, effondrée à sa table de cuisine, que Marguerite Delair avait avoué avoir eu la visite de son fils Alexis la veille au soir. Il était arrivé chez elle vers 21 heures 45, avait dîné copieusement et était reparti une heure plus tard. Oui, il était seul.

Non, elle ne savait ni où il allait ni comment, elle n'avait pas posé de questions. Et il n'avait pas parlé non plus.

Et puis, pourquoi ces questions, qu'est-ce qu'on lui voulait à son cadet ?

— Elle nous a paru sincère, dit Verdier en guise de conclusion.

— Quelques plaisanciers nous ont confirmé avoir vu la Rieuse quitter le port vers 23 heures 30. Mais impossible de savoir le cap que Delair a pris.

— D'après ce que tu m'as dit de la Rieuse, dit David Marchand en s'adressant à François Paoli, Delair ne peut pas s'éloigner à plus de vingt milles de la côte sans être en infraction.

— Ça laisse quand même une bonne zone d'investigation ! intervint Botrel.

— Et pourquoi ne traverserait-il pas la Manche pour rallier l'Angleterre ?

— A ses risques et périls, en ce cas, rétorqua Marchand. Car non seulement, il faudrait qu'il soit très vigilant à cause des tankers et autres porte-conteneurs qui circulent dans le rail d'Ouessant, mais en plus, d'après la météo marine que nous avons écoutée, Marc et moi, le brouillard doit s'installer sur la Manche dès cet après-midi.

— Sans compter qu'Alexis Delair n'est pas un navigateur hors pair, ajouta Paoli.

— Donc, selon toi, François, il va remonter la côte. Mais, pour aller où ?

Le téléphone interrompit leur débat. Ce fut Paoli qui répondit.

— C’était le juge d’instruction.

— Qu’est-ce qu’il voulait ?

— Nous informer qu’il mettait la gendarmerie maritime, les douanes et la marine sur le coup, notamment les CROSS (Centres Régionaux Opérationnels de Surveillance et de Sauvetage).

— Il n’y a que des moyens marins ? Pas de moyens aériens ?

— Si, un avion est sur le point de décoller.

— Eh ben, si avec ça, Delair, nous échappe…

— Il ne doit pas nous échapper !

— Et si l’envie lui prenait de reprendre pied sur la terre ferme ? interrogea Renard.

— Tous les ports seront en alerte d’ici peu. Il ne nous reste plus qu’à patienter, et espérer…

*

Dans le milieu de l’après-midi, un appel de la gendarmerie du Guilvinec parvint à la PJ.

— Major Garo. Je voudrais parler au capitaine Paoli.

— Paoli. Que voulez-vous, Major ?

— Je vous appelle du Rocher des Victimes à Saint-Guénolé. Des touristes y ont trouvé le corps d’une femme.

L’annonce, directe, froide, laissa Paoli sans voix. Son sang reflua, son gosier devint sec.

— On a trouvé sur elle une carte d’identité au nom de Clara Morvan.

Cette fois, ses jambes flageolèrent, ses doigts se desserrèrent, le combiné tomba.

— Allô ? Allô ! Allô ! fit avec insistance la voix du major.

— Le capitaine Paoli vient d'avoir un malaise, on vous rappellera ! répondit Verdier.

— Tanguy, apporte de l'eau ! cria Marchand.

— Qu'est-ce qui se passe ? interrogea Botrel.

Les autres secouèrent la tête en signe d'ignorance.

— Je lui ai passé le major Garo et…

— On a trouvé un cadavre portant la carte d'identité de Clara à Saint-Guénolé, annonça Paoli d'une voix blanche.

Tout à coup, ce fut comme si le temps se suspendait, un silence pesant s'installa. Le premier à réagir fut David Marchand.

— Garo t'a décrit la victime ?

Paoli fit non de la tête.

— Tu te sens mieux ?

— Oui.

— Alors, rappelle-le.

Verdier décrocha le combiné et pressa un bouton permettant de rappeler le dernier numéro enregistré, ainsi que la touche du haut-parleur. Puis il le tendit à Paoli.

— Allô ? fit Garo à l'autre bout de la ligne. Paoli ?

— Oui.

— Je pensais bien. Comme je vous le disais, il s'agit d'une femme, mais pas de Clara Morvan. On a bien trouvé sa carte d'identité dans une des poches de la victime, mais celle-ci est plus grande que mademoiselle Morvan.

— L'avez-vous identifiée ?
— Non, pas encore.
— Où la conduisez-vous ?
— A la morgue de Pont-l'Abbé.
— Je vous y retrouve ! David, en route !

*

Vingt minutes de trajet, et les deux OPJ retrouvaient le major Garo devant la porte de la morgue. Les trois hommes se saluèrent, puis poussèrent la porte.

— C'est par ici, suivez-moi, dit le gendarme.

Il guida les deux policiers jusqu'à une salle. Sur une table, un drap couvrait un corps.

— Allez-y ! dit Paoli.

— Cathy Lautriou ! l'identifièrent ensemble Paoli et Marchand.

— Vous connaissez cette personne ?

— Oui, répondit Marchand. Nous l'avons vue au domicile de notre suspect.

— De quoi est-elle morte ? interrogea Paoli.

— Les premières constatations révèlent un choc au crâne. Le légiste pense qu'il s'en est suivi une hémorragie cérébrale.

— A quand remonte le décès ?

— D'après une première estimation, entre 24 et 48 heures.

— Vous avez demandé une autopsie, Major ?

— Je pense le faire.

— Si vous n'y voyez pas d'inconvénient, je préfère que nous poursuivions dehors.

— Comme vous voulez, Capitaine.

De retour à l'air libre, ils firent quelques pas dans une allée de l'Hôtel-Dieu.

— Vous m'avez dit avoir trouvé la carte de Clara Morvan dans une poche de Cathy Lautriou…

— C'est exact, précisément dans la poche arrière droite de son jean.

— D'autres objets ?

— Deux clefs, celle d'une habitation et celle d'une voiture. Les siennes, probablement. Des recherches sont en cours pour localiser sa Citroën.

— Où sont-elles ?

— Dans ma voiture. Pourquoi ?

— J'aimerais visiter le domicile de cette femme pour la raison qu'elle avait un lien avec notre suspect.

— D'accord. Allons-y !

Ils reprirent leurs véhicules respectifs et roulèrent jusqu'au domicile de Cathy Lautriou.

— Que pensez-vous découvrir ici ? questionna le major quand ils furent dans la maison.

— Je ne sais pas, sans doute pas grand-chose. Mais je dois vérifier un détail.

Paoli commença le tour des pièces de vie, le salon et la cuisine. Il ouvrit des portes de buffets et de placards, des tiroirs, farfouilla dedans.

— Ça y est, j'ai mis la main dessus, déclara-t-il au bout de trente minutes de fouille.

— Puis-je savoir ?

— Madame Lautriou était chargée par Alexis Delair, notre suspect, de nourrir ses poissons, d'arroser ses rosiers et de relever son courrier. Le voici, dit-il en brandissant quelques lettres.

— Ce qui prouve que cette femme vous a dit la vérité.

— Par contre, le double de clefs que Delair lui avait confié pour entrer chez lui, n'est plus là. Le porte-clefs portait un dauphin, tu te souviens, David ?

— Très bien, oui.

— Et vous en déduisez ?

— Que c'est Alexis Delair qui a tué Cathy Lautriou.

— Ici ?

— Je ne crois pas. Je pense plutôt que le meurtre a eu lieu à bord de sa vedette et qu'il a balancé le corps par-dessus bord.

— Mais… François…

— Je devine ce à quoi tu penses, David. Bien sûr Cathy Lautriou n'a pas embarqué ici. Mais Delair a bien pu la faire monter à son bord ailleurs. La preuve, c'est qu'elle avait ses clefs de maison et de voiture sur elle.

— Votre hypothèse se tient, Paoli, concéda Garo. Mais cette histoire de double de clefs me dérange.

— Pour être franc, moi aussi ! Mais peut-être est-ce le seul prétexte qu'il a trouvé pour faire venir Cathy Lautriou à lui.

— Hum !

— Je sais, c'est un peu tiré par les cheveux, mais en attendant mieux…

— Et vous avez aussi une explication pour la carte d'identité de mademoiselle Morvan ?

— A part une sorte d'avertissement… non, je ne vois pas.

— Un… avertissement ?

*

Après un détour par la gendarmerie guilviniste, Paoli et Marchand prirent la route du retour. David conduisait.

— Tu pensais vraiment ce que tu lui as dit, François ?

— A propos de quoi ?

— L'avertissement...

— Hon, hon...

— Ça veut dire quoi, ce hon, hon ? Oui ou non ?

— Je ne savais pas quoi répondre au major, c'est tout ce que j'ai trouvé.

Quelques kilomètres plus loin...

— Ce que je ne pige pas, c'est pourquoi Delair aurait supprimé Cathy Lautriou...

— Il aura pensé qu'elle était devenue un témoin gênant et l'aura fait taire.

— Mouais... En tous cas, maintenant, il n'est pas seulement recherché pour enlèvement et séquestration, mais aussi pour homicide.

Alors qu'ils contournaient Pont-l'Abbé par la rocade, le téléphone de Paoli sonna.

Le major Laurent Garo l'informa que la Citroën de madame Lautriou avait été retrouvée dans le quartier de Men Meur au Guilvinec.

Supposition était faite qu'elle avait marché jusqu'au bout de la jetée d'où elle avait pu sauter à bord de la Rieuse.

*

François Paoli avait accepté l'invitation de David Marchand à boire un verre. Aussi poussaient-ils la porte de La Chope un quart d'heure plus tard.

— Salut, les gars ! Vous vous faites rares ! s'exclama le patron. Qu'est-ce que je vous sers ?

— Comme d'habitude, Marcel !

Pendant un moment, ni François ni David ne parlèrent.

— Tu penses à Clara, n'est-ce pas ?

— Difficile de faire autrement après ce qui est arrivé à Cathy Lautriou, répondit François, le regard plongé dans l'ambre de son alcool écossais.

— Oui, bien sûr, je comprends.

— Je me demande si on la retrouvera et dans quel état, vivante ou… morte. Si tu savais à quel point je me sens responsable de ce qui est arrivé !

— Mais… François, tu n'as rien fait, rien !

— Justement ! Si j'avais eu des couilles, ce soir-là, si j'avais fait l'amour à Clara…

— Allez, ne remets pas ça sur le tapis, ça ne sert à rien !

*

Le dispositif de surveillance demandé par Paoli et ordonné par le juge d'instruction donna un résultat deux jours après sa mise en place. La Rieuse fut arraisonnée alors qu'elle suivait la côte occidentale du Cotentin et contrainte à rallier le port le plus proche : Barneville-Carteret.

Alexis Delair fut arrêté et conduit à la gendarmerie

locale. Aussitôt arrivé dans les locaux, on vérifia son identité, puis le capitaine Dunant décrocha son téléphone.

— PJ de Quimper, lieutenant Verdier, bonjour !

— Bonjour Lieutenant. Ici le capitaine de gendarmerie Dunant de Barneville-Carteret, dans la Manche.

— Que puis-je pour vous ?

— On vient de m'amener l'homme que vous recherchiez, un certain Alexis Delair.

— Ne quittez pas, je vous prie.

Masquant en partie le combiné, Verdier appela :

— François, téléphone ! La gendarmerie de Barneville-Carteret. Ils ont attrapé Alexis Delair.

— OK, je prends.

Verdier fit basculer la communication.

— Capitaine Paoli, chef de l'antenne judiciaire de Quimper. Je vous écoute.

— Capitaine Dunant, gendarmerie de Barneville-Carteret, répéta-t-il. Je vous informe que nous détenons depuis peu le dénommé Alexis Delair, suspecté d'enlèvement et d'homicide d'après les fax que j'ai sous les yeux.

— Comment va sa passagère ?

— Quelle passagère ? Monsieur Delair était seul à bord de son bateau.

— Seul ? Vous en êtes sûr ?

— Mettriez-vous ma parole en doute, Capitaine ?

Paoli ne répondant pas, Dunant précisa :

— Mes hommes ont fouillé son bateau de fond en comble, il n'y avait personne d'autre à bord.

Nouveau silence de Paoli.

— Vous êtes toujours là ?

— Oui. Excusez-moi. Avez-vous commencé à interroger Delair ?

— Pas encore, et je pense que vous préférerez le faire vous-même, je me trompe ?

— Non, vous avez raison. Aussi ne serez-vous pas étonné que je me mette en route dans l'heure et que je me rende en Normandie. A bientôt !

Paoli reprit son téléphone, appela le procureur et lui exposa la situation. Le magistrat ne fit aucune difficulté pour lui donner son ordre de mission en Normandie. Mieux, il proposa même de prévenir les magistrats normands du transfert d'Alexis Delair.

*

Il était presque dix-huit heures lorsqu'ils franchirent la porte de la gendarmerie de Barneville-Carteret. Aussitôt prévenu de leur arrivée, le capitaine Dunant vint les accueillir.

— Bonsoir ! Je suis le capitaine Dunant.

— Capitaine Paoli et voici le lieutenant Marchand.

— Vous avez fait bonne route ?

— Oui, merci, répondit Marchand.

— Où est Delair ? demanda Paoli, impatient de se trouver en face de lui.

— Vous le verrez plus tard. Par ici, s'il vous plaît.

Il précéda les deux OPJ quimpérois dans un couloir et poussa une porte.

— Mon bureau. Entrez et asseyez-vous, dit-il en contournant sa table de travail.

Puis il s'adressa à un jeune gendarme :

— Martin, allez nous chercher des cafés.

— Bien, mon capitaine.

En attendant le retour de Martin, le capitaine Dunant relata aux deux policiers les circonstances de l'arraisonnement de La Rieuse et l'arrestation de son propriétaire.

— Delair a joué de malchance ! Il s'est fait contrôler par un patrouilleur de la gendarmerie maritime. Au départ, il s'agissait d'un banal contrôle de sécurité comme il en existe fréquemment pendant la période estivale. Durant ce contrôle, les gendarmes examinent les papiers du capitaine et de son bateau, ainsi que les équipements de sécurité. Si le sien avait été aux normes, Delair aurait pu poursuivre sa route sans être autrement inquiété, il n'avait commis aucune faute de navigation mais, voilà, ses fusées de détresse étaient périmées, ce qui lui a valu une amende. Et c'est en dressant le procès-verbal qu'un des gendarmes a réagi. Il lui a suffi de contacter le CROSS Jobourg pour qu'on l'informe de l'avis de recherche lancé sur La Rieuse. Delair n'a opposé qu'une résistance de principe, il était fatigué par sa navigation. C'est pourquoi, après lui avoir notifié sa garde à vue et l'avoir placé en cellule, nous l'avons laissé tranquille.

— Pouvons-nous voir Delair, à présent, Capitaine ?

— Bien entendu.

Après avoir bu leur café, ils se rendirent aux cellules.

— Monsieur Delair, vous avez de la visite ! annonça-t-il.

L'homme qui était couché face au mur, souleva la tête et jeta un regard par-dessus son épaule.

— Pouvez-vous me laisser entrer ? demanda Paoli.

— Gardien, ouvrez cette cellule, je vous prie !

— A vos ordres, mon capitaine !

Tandis que le gardien ouvrait la porte, Alexis Delair se redressa et s’assit. Aussitôt, Paoli se rua à l’intérieur de la cellule et décolla Delair de sa couche.

— Où est Clara Morvan ? Que lui as-tu fait, misérable ? Parle ! Qu’as-tu fait d’elle ?

Il n’obtint qu’un sourire narquois en réponse.

— Je vous en prie, capitaine Paoli, calmez-vous ! lui intima le capitaine Dunant.

— Que je me calme ? ! Alors que cet homme…

— François, arrête ! intervint à son tour le lieutenant Marchand qui le sépara du prisonnier.

— *Sangu’lu mondu* ! *A m’hai da pagà* ! siffla le Corse entre ses dents. (Traduction : Par le sang du monde ! Tu me payeras ça !)

*

François Paoli et David Marchand se présentèrent à l’hôtel que leur avait réservé le capitaine Dunant. A peine l’hôtesse avait-elle tourné les talons que David ferma la porte. François était allé se planter devant la fenêtre qu’il avait ouverte et regardait quelques voiliers évoluer sur l’eau.

— Tu ne dis rien ? Tu ronges ton frein ? interrogea David en ouvrant son sac de voyage.

Pas un mot, tout juste un regard par-dessus l’épaule.

Le téléphone de la chambre sonna.

— Allô ? Ah, c’est vous, Capitaine. Oui… Oui, nous y serons.

— Où ça ? interrogea David de la pièce voisine.

— Dunant nous invite à dîner sur le port, dans une demi-heure.

— C’est sympa de sa part. Ça va te réconcilier avec la maréchaussée.

— Je n’ai rien contre lui, rétorqua François avant de s’enfermer dans la salle de bains.

A l’heure convenue, Paoli et Marchand retrouvèrent Dunant devant le restaurant. Le gendarme avait quitté sa tenue militaire pour des vêtements civils dans lesquels il faisait plus jeune et moins sévère. Il les accueillit avec un franc sourire et les guida à la table réservée en terrasse.

— Je suis content que vous ayez accepté mon invitation, dit-il après qu’ils eurent pris place. Êtes-vous satisfaits de votre chambre ?

— Oui, merci, Capitaine.

— Chut ! Pas de grade ici ce soir, mon prénom est Hubert.

— Le mien David, le sien François…

Ils commandèrent un whisky et deux pastis, puis se concentrèrent sur la composition des menus.

— On m’avait prévenu que vous étiez de caractère assez… vif, François.

— Alors, vous avez dû être content tout à l’heure…

— A-t-on procédé à des relevés d’empreintes sur La Rieuse ? demanda David.

— Son bateau ? Oui, mais on a rien trouvé.

— Ça ne m’étonne pas. Depuis son départ, il a eu mille fois le temps de faire disparaître tous les indices.

— Vous avez choisi ? demanda la serveuse en revenant avec un calepin et un crayon.

Ils optèrent tous les trois pour le menu marin et le choix du vin se porta sur un bourgogne aligoté.

— Dites-moi… Hubert, Alexis Delair vous a-t-il dit où il pensait aller ? questionna François.

— Oui. Il remontait vers Cherbourg où il aurait fait le plein de carburant avant de traverser.

— En Angleterre ! s'exclama David.

— Ou sur une de ses îles proches de la côte, je ne sais pas, il n'a pas précisé.

— Qu'importe ! fit François en vidant son verre.

— François a raison, on a assez parlé boulot pour ce soir, qu'en dites-vous ?

*

Immédiatement après le petit déjeuner, le capitaine Paoli et le lieutenant Marchand quittèrent l'hôtel pour la gendarmerie. Le temps de quelques formalités, d'une poignée de mains cordiale avec le capitaine Dunant, l'heure du retour vers Quimper sonna. On leur amena Alexis Delair, menottes aux poignets.

A la sortie de Barneville-Carteret, ils s'engagèrent sur la D903 et prirent la direction de Coutances.

Il avait été décidé qu'ils ne parleraient pas de l'homme qu'ils transportaient, qu'ils ne lui adresseraient qu'un minimum de paroles. Ils s'étaient donc mis à commenter les paysages et les villages qu'ils traversaient.

Coutances contournée, Paoli prit la direction d'Avranches via Villedieu-les-Poêles.

Ils approchèrent de Rennes à l'heure du déjeuner, ils avaient roulé pendant deux heures. Paoli s'arrêta à une station service.

— Va acheter des sandwiches et des boissons pendant que je fais le plein, dit-il à David.

— D'accord.

— J'ai envie de pisser, dit Delair.

— On verra ça plus tard, répliqua Paoli.

Lorsque le réservoir fut plein, Paoli roula jusqu'à une place de parking et attendit le retour de Marchand. Quand celui-ci ressortit de la boutique avec ses achats, le capitaine Paoli lui laissa la garde du prisonnier et y pénétra à son tour. Après avoir réglé sa note de carburant, il se dirigea vers les toilettes.

— C'est bon, j'ai payé, dit-il.

— Mais… je n'ai pas pissé !

— David, tu l'accompagnes ? Je vais pousser la voiture là-bas pour casser la croûte.

— Allez, viens, et ne fais pas l'imbécile.

Pendant que le lieutenant Marchand et le prisonnier se rendaient aux toilettes, le capitaine Paoli en profita pour passer un coup de fil au procureur de Quimper et annoncer leur arrivée en début d'après-midi.

— Bien, on mange et on repart.

L'affaire fut expédiée en une quinzaine de minutes, puis l'équipage repartit.

Ils atteignirent Quimper à 14 heures 30.

— Profite du paysage, lui conseilla David Marchand, tu n'es pas près de revoir les arbres !

Il ne pensait pas si bien dire ! Alors que la voiture circulait dans le rond-point de l'Hippodrome, un camion de chantier s’y engagea à toute allure sans respecter la priorité.

L’impact du choc eut lieu à l’arrière droit du véhicule. Paoli perdit le contrôle de son véhicule qui partit en une série de tête-à-queue. Lorsque, enfin, le véhicule s’immobilisa, il sortit de voiture, un peu sonné, ouvrit la porte à son collègue, tandis qu’un embouteillage se formait.

— Ça va, David ?

— Ça peut, je crois.

— Et Delair ?

Le lieutenant Marchand se pencha dans l’habitacle d’où il venait de sortir et posa les doigts sur le cou ensanglanté du prisonnier inconscient. Il sentit sa carotide palpiter.

— Il est vivant.

— J’appelle les secours.

*

Il régnait un véritable capharnaüm dans le rond-point. Les véhicules accidentés et ceux des secours obstruant une partie de celui-ci, les forces de police avaient dû organiser un plan de circulation.

Dans la zone sécurisée, se tenant quelques mètres en retrait pour ne pas gêner, François Paoli et David Marchand regardaient les secours s’affairer.

Un pompier s’approcha des deux policiers :

— Le chauffeur du camion est mort. Il a dû faire une crise cardiaque au volant. On va le monter à l’hosto.

— Comment va notre prisonnier ?

— Pas fort, mais le médecin du SAMU vous en dira plus tout à l’heure.

— Bien, merci, dit François en sortant son mobile de sa poche.

— Qui appelles-tu ?

— D’abord le proc’, ensuite Séverin, pour une autopsie du chauffeur.

Quand il eut fini, Paoli marcha jusqu’à l’ambulance dans laquelle on s’apprêtait à mettre Delair. L’entendant gémir, il demanda :

— Un instant, s’il vous plaît, je voudrais lui dire un mot.

— Faites vite, alors.

— Alexis… Alexis, vous m’entendez ?

— Oui… répondit-il faiblement.

— Qu’avez-vous fait de Clara Morvan ? Vous l’avez tuée comme vous avez tué Cathy Lautriou ?

— Je n’ai… tué… personne… Jamais. Cathy… c’est un accident…

— Dépêchez-vous, son pouls faiblit, pressa-t-on Paoli.

— Et Clara ? Où est Clara ? Dites-le !

— Vous… marché dessus…

Ce furent les derniers mots d’Alexis Delair qui plongea à nouveau dans l’inconscience.

Médecin réanimateur et infirmiers grimpèrent à bord, les portes de l’ambulance claquèrent. Feux et gyrophare allumés, sirène hurlante, l’ambulance fonça vers l’hôpital.

*

Arrivés à la PJ, François Paoli et David Marchand commencèrent par boire un café pour se remettre de leur émotion.

— Je t'ai vu près de sa civière. Tu as réussi à parler à Delair ?

— Peu.

— Qu'est-ce qu'il a dit ?

— Qu'il n'avait tué personne, que Cathy Lautriou avait eu un accident.

— Sur son bateau ? Elle a glissé ? Tu le crois ?

— De toute façon, c'est impossible à vérifier. Tu te rappelles ce que nous a dit Dunant ?

— Oui, que La Rieuse était propre comme un sou neuf. Et… Clara ?

— Je n'ai pas bien compris. Il me semble qu'il a dit quelque chose comme « marcher dessus » avant de tourner de l'œil.

— Il devait délirer.

François avala son café, soupira et retourna à son bureau.

— Il n'a pas l'air dans son assiette, dit Tanguy Botrel en venant se servir à son tour.

— Le coup est rude.

— Ouais, aller chercher un type pour l'interroger et échouer si près du but à cause d'un accident, c'est sûr, ça en démonterait plus d'un.

David rinça sa tasse et sortit de la cuisine. François était au téléphone, probablement avec le parquet d'après les bribes de conversation.

— David !

— Oui, Marc ?

— On a reçu le rapport d'autopsie de Cathy Lautriou ce matin.

— Donne-moi juste la conclusion.

— Forte probabilité de mort accidentelle.

— Ah ! Accidentelle… A la réflexion, je vais lire le rapport. Merci, dit-il en le prenant de la main de Marc.

Quelques instants plus tard, François reposa le combiné sur son socle.

— Tanguy, trouve-moi quelqu'un pour monter la garde devant la chambre d'hosto de Delair.

— D'accord, je m'en occupe tout de suite.

— Tu crois que c'est nécessaire, dans son état ?

— Je ne veux pas courir le risque d'une évasion, David.

— Vu l'état dans lequel il était, ça m'étonnerait qu'il ait joué la comédie, quand même ! rétorqua David en posant le rapport Lautriou sous les yeux de François.

Ce dernier l'ouvrit, le parcourut rapidement, s'attardant sur quelques passages.

— On dirait qu'Alexis Delair t'a dit la vérité, dit David.

— On dirait, oui, pour elle, mais… pour Clara ?

— Son casier ne contient que des faits d'exhibition, pas de meurtre, plaça Tanguy qui suivait l'échange. Et on n'a trouvé aucune arme sur lui ni dans son bateau, que je sache.

— On peut très bien tuer sans arme, contra François. Il suffit de deux mains placées où il faut, surtout aussi puissantes que celles de Delair.

— Il t'a dit qu'il n'avait "jamais" tué personne… Pourquoi ne pas lui accorder le bénéfice du doute ?

— Hum !

A cet instant, le téléphone sonna. François répondit :

— Ah, c’est toi, Sev’ ! Tu attends quelqu’un pour commencer l’autopsie du chauffeur de camion ? OK, je t’envoie le lieutenant Verdier. Amos, t’as entendu ?

— Pourquoi moi ?

— Et pourquoi pas ? Allez, file ! Et tu me donnes les premiers résultats par téléphone !

VIII

La nuit était tombée, il était toujours à la PJ, seul. A son fils qui s'inquiétait de ne pas le voir rentrer, il avait dit qu'il n'allait plus tarder. Mais il avait remis le nez dans sa paperasse et les aiguilles avaient continué d'avancer.

Lorsque Pierre le rappela, il sursauta. Une poignée de minutes plus tard, il s'installa au volant de son Audi et rentra chez lui.

— Je t'ai mis un peu de ratatouille à chauffer, lui dit Pierre après l'avoir embrassé.

— C'est gentil, merci, mais…

— Ah, non, dis pas que t'as pas faim ! Il faut que tu la goûtes ! C'est ma ratatouille, que j'ai cuisinée avec madame Coadou !

— Ah, si c'est toi qui l'as faite, alors…

François se mit à table, surveillé par Pierre.

— Hum, très bonne ! dit-il.

— C'est vrai, tu aimes ?

— Oui, elle est délicieuse.

Son assiette vidée, il se chauffa un café.

— Il est l'heure d'aller te coucher, Pierre.

— Déjà ?

— Oui. Allez, sois gentil, j'ai eu une dure journée.

— C'est pour ça que t'es rentré tard ?

— Oui. Allez, brosse à dents, pyjama, et au lit, fiston !

— Et tu viendras me dire bonsoir ?

— Oui.

Comme promis, François alla embrasser Pierre.

— Je sais que ce n'est pas marrant pour toi de me voir si peu, Pierre, mais il ne faut pas m'en vouloir.

— Parce que tu n'es pas un papa ordinaire, à cause de ton travail de policier ? Ce n'est pas grave, tu sais, madame Coadou m'a expliqué ça un jour. Et Marine aussi.

François félicita mentalement les deux femmes d'avoir parlé à Pierre.

— Tu vas rentrer tard encore demain ?

— C'est possible, oui.

— Et quand on ira faire les courses pour la rentrée, alors ?

« Mince ! » Il n'y pensait plus.

— Et si on y allait demain midi ? On pourrait manger…

— Une pizza chez Luigi ! réclama instantanément Pierre.

— D'accord, va pour la pizza. Ensuite, on ira faire tes achats scolaires et on rentrera juste avant que madame Coadou arrive pour faire le repassage. Ça te va ?

Pierre acquiesça. François lui souhaita une bonne nuit, éteignit la lampe de chevet et gagna son vieux fauteuil club.

Malgré la dure journée qu'il venait de passer, il avait décidé de s'atteler à l'énigme que lui avait soufflée Delair : marcher dessus.

Il fit un effort de mémoire, se revit penché au-dessus d’Alexis Delair. Il entendit à nouveau les deux mots. Lâchés dans un même souffle. Indissociables. François se concentra encore, se vit et s’entendit demander : « Où est Clara ? » Et, là… Oui, il avait trouvé ! Alexis avait dit : « Vous… marché dessus… » « Vous avez marché dessus ! », comprit-il enfin. Tournant et retournant la phrase énigmatique dans sa tête, il se leva et se dirigea vers son bar en manquant d’écraser la queue du labrador étalé sur le tapis. La solution s’imposait à François ! Il bondit sur son téléphone, composa le numéro de David.

— Je ne te dérange pas ? Je sais ce que Delair m’a dit. Quand je lui ai demandé où était Clara, il m’a répondu : « vous avez marché dessus ! »

— Ça ne veut rien dire.

— Moi, je crois que si, au contraire.

— Alors, vas-y, explique, je t’écoute !

— A mon avis, Alexis Delair nous a vus planquer et perquisitionner chez lui. Et si ce n’est pas le cas, il devait bien se douter qu’on visiterait son domicile. D’où sa phrase sibylline.

Il y eut un court silence au bout du fil, probablement de réflexion, avant que David ne reprenne la parole :

— Es-tu en train de me faire comprendre que Clara serait chez lui, à Léchiagat ?

— Pas “serait”, David, “est” ! Elle est là-bas, cachée quelque part. Et s’il dit qu’on a marché dessus, ça veut dire qu’on a raté un truc. Soit qu’on a oublié une pièce quelconque, soit…

— Quoi ?

— Je sais où elle est ! s'exclama soudain François. Sous le tapis du salon !

— Mais, tu as déjà soulevé ce tapis, on a même sondé le parquet ensemble… Et on n'a rien trouvé.

— On n'a pas dû être assez rigoureux. Il faut qu'on retourne là-bas et qu'on recommence. C'est une question de vie ou de mort pour Clara !

— Honnêtement, j'ai du mal à croire à ta théorie.

— Je téléphone au SCOAT (Service Central des Opérations d'Assistance Technique). Les gars auront des moyens techniques que je n'ai pas, comme un détecteur thermique, par exemple, ou bien un sondeur acoustique.

— Mais, le SCOAT est basé près de Versailles, François !

— Raison de plus pour que je te laisse et que je les appelle immédiatement !

Et sur ce, il coupa la communication. Le temps de trouver le numéro de téléphone du service et il le composait. Par chance, les hommes du SCOAT n'étaient pas en opération. Une équipe se mettait en route dans le quart d'heure et serait à Léchiagat vers les cinq heures du matin.

*

Un peu après cinq heures du matin, alors qu'il était là depuis dix minutes déjà, le capitaine Paoli vit arriver le véhicule tant attendu.

Carte tricolore en main, il alla au-devant du fourgon. Les présentations rapidement faites, les deux hommes du SCOAT sortirent leur matériel puis Paoli les mena à la porte de Delair.

Sitôt la porte ouverte, il les introduisit au salon en leur disant qu’il l’avait déjà inspecté sans rien trouver.

— Bien, fit l’un d’eux, la première chose à faire est de débarrasser le terrain.

« Pourvu que j’aie deviné juste et que je ne les aie pas fait venir pour rien », se disait Paoli en son for intérieur.

Quelques calibrages et réglages de dernière minute de leurs instruments de mesures, puis ils se mirent au travail comme s’il n’y avait qu’eux dans la pièce.

Combien de temps s’était-il écoulé depuis qu’ils avaient commencé à ausculter le sol du salon ? Paoli était à cran.

— Max, ça y est, j’ai quelque chose !

— Oui, moi aussi.

De loin, sur l’écran d’un ordinateur, apparut une image dans divers gradients de bleu et de rose.

— Capitaine, vous pouvez approcher et venir voir.

Paoli avança, presque sur la pointe des pieds, retenant son souffle.

— Ce qui est bleu est froid, ce qui est rose est chaud. Plus la couleur est intense, plus…

— J’ai compris, coupa Paoli qui fixait une espèce de boule informe, rose et immobile. Comment allez-vous vous y prendre pour la délivrer de cet endroit ?

— Par la force, on va casser !

— Vous devriez appeler une ambulance, lui conseilla l’autre.

*

— Faites venir le médecin ! cria-t-on.

Paoli se précipita suivi d'un médecin et d'un infirmier et se rua dans le salon de Delair où béait un trou carré d'un mètre de côté au milieu du sol jonché de lattes de parquet et de morceaux d'isolant.

— Attendez ici, le retint le médecin.

— Allez, François, ça va aller maintenant, entendit-il dans son dos tandis qu'une main amicale lui pressait l'épaule gauche.

— J'espère, David…

Des minutes qui parurent interminables au capitaine François Paoli s'écoulèrent avant que la voix du médecin s'élève du trou.

— Vous pouvez descendre, Capitaine !

Il avait le feu vert, pourtant il ne bougeait pas. Une légère poussée dans le dos l'aida à faire le premier pas.

Il descendit lentement les marches, comme s'il redoutait un spectacle terrifiant. Deux mètres plus bas, il la vit enfin : Clara.

— Elle est faible, mais son pronostic vital n'est pas engagé, lui dit le médecin.

— Fran… çois… articula-t-elle avec peine dans un souffle.

Elle le reconnaissait !

Il se pencha au-dessus du brancard sur lequel on l'avait placée. Sa main plana un peu, hésitante, puis se posa sur ses cheveux et les caressa.

— Ne parle pas, dit-il en lui prenant la main et en la serrant dans la sienne.

— Si… mer… ci…

Le sourire qu'elle esquissa émut François Paoli plus

qu'il ne s'y attendait : sa gorge se noua, sa vue se troubla.

— Il faut qu'on l'emmène, Capitaine.

— Oui… bien sûr…

— Où l'emmenez-vous ?

— A Quimper, il n'y a plus de lit disponible à Pont-l'Abbé.

— Tu as fait un sacré bon boulot ! dit David à sa gauche en lui entourant les épaules, tandis que le véhicule sanitaire s'éloignait.

— Je n'en peux plus !

— Tiens encore un peu. Les gars du SCOAT voudraient te montrer quelque chose.

Le capitaine Paoli suivit le lieutenant Marchand à l'intérieur de la maison de Delair.

— Ça va ? s'enquit l'un d'eux.

Il répondit d'un signe de tête.

— Venez voir ce qu'on a découvert, l'invita le technicien en descendant dans la cachette souterraine. Regardez, c'est un interphone. Non seulement, il permettait au propriétaire de surveiller sa prisonnière d'en haut quand il était là, mais en basculant cet interrupteur, la captive pouvait entendre ce qui se passait au-dessus de sa tête sans pouvoir communiquer.

— Donc, mademoiselle Morvan pouvait savoir si elle était seule ou non ? interrogea David.

— C'est cela, oui. Mais ce qu'elle ne savait pas, c'est qu'elle avait beau crier à l'aide, personne ne pouvait l'entendre si l'interphone était éteint. Regardez ça, c'est de l'isolant phonique haut de gamme. C'est à cause de lui que votre sondage ne pouvait rien donner.

— Le salaud ! cracha David.

— En conclusion, vous avez bien fait de nous appeler, Capitaine. Sans votre coup de fil et notre intervention…

— Hé, reste avec nous ! s'écria David en le soutenant.

David aida François à remonter et l'emmena à l'extérieur où il le fit asseoir. Ce dernier était blême…

— Je vais te chercher de l'eau, dit David.

Dès qu'il eut repris ses esprits, Paoli se releva et partit vers sa voiture.

— Où vas-tu ?

— Annoncer la bonne nouvelle aux Morvan.

*

Ces deux heures passées avec Pierre – déjeuner à la pizzeria puis achats de rentrée – lui avaient fait du bien. Elles lui avaient permis de mettre son enquête entre parenthèses.

Dès que madame Coadou fut arrivée, il s'éclipsa en prévenant qu'il rentrerait sans doute encore tard.

Avant de retourner à la PJ, le capitaine Paoli monta à l'hôpital. Il savait qu'il était trop tôt pour auditionner Clara Morvan, mais il avait besoin de la voir.

Après avoir emprunté l'ascenseur et parcouru un couloir, il arriva à sa chambre, frappa et entra sans avoir entendu de réponse. Clara devait dormir, car elle battit des paupières en tournant la tête vers lui.

— C'est moi, François… s'annonça-t-il en refermant derrière lui. Je suis venu voir comment tu allais.

— C'est gentil.

Silence, échanges de regards, de sourires…

— Comment te sens-tu ?

— Fatiguée. Mais ça fait du bien de te voir, dit-elle en lui tendant une main molle.

François la prit et lui caressa le bout des doigts. Quelques minutes passèrent ainsi jusqu'à ce qu'il réalise qu'elle avait fermé les yeux et s'était rendormie. Il se leva, déposa un baiser du bout des lèvres sur son front et s'en alla.

Il passa par le service où était soigné Alexis Delair. Le gardien en faction devant la porte du mis en cause se leva pour le saluer.

— Comment va-t-il ?

— Un peu mieux…

— OK, alors on continue la surveillance. Bon courage !

— Merci Capitaine.

Alors qu'il se dirigeait vers sa voiture, une voix le héla. C'était Séverin Leclerc.

— Tu venais me voir ? interrogea le jeune médecin légiste en lui serrant la main.

— Non, ma voiture est garée du côté de ton antre.

— Ceci explique cela. Au fait, ton chauffard c'était bien un infarctus…

— Oui, je sais, Verdier me l'a dit.

— Allez, à plus !

— Ciao !

Paoli reprit son Audi et repartit à Léchiagat.

L'équipe du SCOAT finissait de ranger son matériel et de l'arrimer dans le fourgon. Paoli marcha vers les deux hommes, signa leurs documents et les remercia chaleureusement. Puis, le fourgon démarra et disparut.

Il retourna dans la maison de Delair où le lieutenant Marchand prenait quelques notes.

— J'ai presque fini, dit David. Juste un ou deux détails encore…

François descendit dans la geôle de Clara. Une moquette murale bicolore tapissait les murs, le sol était peint en gris. D'une longueur approximative de trois mètres pour une largeur de deux, l'endroit disposait d'une cabine fermée d'un rideau qu'il écarta : des WC. Dans un autre coin, une bouteille d'eau minérale, un paquet de gâteaux vide.

François s'approcha du lit. Les draps avaient été emportés par les enquêteurs. Il examina les montants en fer forgé, ne vit pas d'éraflures sur la peinture vert sapin. Il ouvrit le tiroir du chevet ; celui-ci contenait un vieux magazine. Il le referma.

Il regarda autour de lui et s'imagina Clara prisonnière dans cet univers aveugle et presque insonorisé.

Comment avait-elle fait pour tenir le coup, pour ne pas devenir folle ? Alexis Delair l'avait-il droguée ? Qu'avait-il fait d'elle ? Qu'avait-il fait "avec" elle ?

— François !

— J'arrive, David !

Il remonta les marches deux par deux.

— Regarde-moi ça.

— Qu'est-ce que c'est ?

— Le programme d'éclairage de la cache… et ici, celui de l'interphone. Regarde, ce jour-là… C'est celui où nous avons sondé le parquet du salon.

— Mais… alors, Clara nous a entendus ! Et elle a dû s’égosiller pensant que, si elle nous entendait, on l’entendrait aussi…

Le regard ténébreux de François étincela de façon singulière.

— Oui, je suis de ton avis, on peut assimiler cela à de la torture ! dit David.

— Sortons d’ici, je ne supporte plus cet endroit, David.

*

Quarante-huit heures après la libération de Clara Morvan, le capitaine Paoli monta à l’hôpital avec le lieutenant Marchand pour l’auditionner. Ce dernier avait réintégré son poste à la sécurité publique et Paoli aurait pu emmener les lieutenants Verdier ou Botrel avec lui, mais il avait préféré demander à Marchand de l’accompagner. C’était lui qui lui avait soufflé d’accorder quelque crédit à Delair quand il avait dit qu’il n’était pas un tueur, il était là au moment de la libération, il avait donc droit, comme lui, Paoli, à la primeur du récit de la captive.

La jeune femme était assise près de la fenêtre.

— Bonjour Clara. Je te présente David, mon ami. Il est également policier.

— Bonjour.

— Nous sommes venus t’entendre, mais si tu te sens trop fatiguée, nous pouvons remettre cela à un autre jour…

— Je veux bien essayer.

— David enregistrera tes réponses.

— Je suis prêt, annonça ce dernier.

— Clara… Te souviens-tu de notre rendez-vous au Scottish Pub ?

— Comment l'oublier ? rétorqua-t-elle en fixant François. Après mon travail aux Cormorans, je suis allée chez moi pour me changer. J'étais en train d'hésiter entre deux tenues quand ma mère m'a téléphoné. Ensuite, je me suis habillée et je suis allée te rejoindre. Tu étais au bar, tu m'as cédé ton tabouret. On a passé un peu de temps en buvant un verre, et puis on est sortis. Tu m'as embrassée et, subitement, tu es parti. Je n'ai pas compris…

— Je t'expliquerai plus tard. Qu'as-tu fait ensuite ?

— J'ai attendu un peu en espérant que tu allais revenir, mais non. Alors, j'ai décidé de rentrer chez moi. Mais avant de monter dans ma voiture, j'ai fait ton numéro. Et là, un grand type a surgi de je ne sais où. Un instant, j'ai cru que c'était toi qui revenais, je me suis trompée. Il m'a saisie, j'ai essayé de m'en défaire, mais il m'a flanqué une gifle si forte qu'il m'a un peu sonnée. Et il m'a traînée jusqu'à sa voiture.

— Où êtes-vous allés ?

— Je ne sais pas. Il m'avait bandé les yeux. Mais un peu après, on est montés dans un bateau à moteur. On a pris le large et on a passé le reste de la nuit en mer.

— Que s'est-il passé sur le bateau, cette nuit-là, Clara ?

— Rien. Il a coupé le moteur au bout d'un moment et il a jeté l'ancre.

— T'avait-il entravée ?

— Non. « Pas besoin de t'attacher, on est loin du rivage et il fait nuit. Ce serait idiot de ta part de risquer l'accident, hein ma cocotte ? », a-t-il dit.

— T'a-t-il dit pourquoi il t'avait enlevée ?

— Pas sur le bateau. Plus tard chez lui.

— On y reviendra. Donc, vous passez la nuit sur son bateau, et ensuite ?

— Il a redémarré, on est allés en face d'une école de voile, il est revenu avec du café. Après, on est repartis et il m'a emmenée chez lui.

— Mais, à ce moment-là, tu n'avais plus les yeux bandés, si ?

— Non.

— As-tu vu quelqu'un sur le trajet du bateau à la maison ?

Elle ne répondit pas immédiatement, elle creusait sa mémoire.

— Un vieux monsieur qui partait en canot… Une dame qui mettait sa literie à l'air… Une autre qui partait en vélo… Je crois que c'est tout. Il me tenait fort par le bras et m'avait conseillé de me taire et de sourire si on croisait quelqu'un. Mais ça n'a pas été le cas.

— Donc, vous arrivez chez lui… Par où êtes-vous entrés ?

— Par une porte-fenêtre dont il a commandé l'ouverture avec un petit boîtier. Aussitôt qu'on est entrés dans la maison, il a tout verrouillé avec sa télécommande. Il a fait du café qu'on a bu dans la cuisine et après…

Son regard se détourna vers l'extérieur.

— Et après, Clara ? la sollicita François.

Les doigts en suspens au-dessus de son clavier, David patienta.

— Veux-tu qu'on arrête là pour aujourd'hui ? demanda François au bout d'un moment.

— C'est peut-être préférable, émit David.

— Non. Non, je veux continuer, mais…

— Je peux sortir, si vous voulez, proposa David.

— Non, vous pouvez rester…

— Alors, on reprend ?

Elle inspira profondément et fit oui de la tête.

— Après avoir bu le café, il m'a ordonné de prendre une douche. Il en a pris une aussi, après moi. « Tu as l'air crevée, ma cocotte », a-t-il dit et il m'a couchée dans son lit. C'était vrai, j'étais fatiguée parce que je n'avais pas dormi de la nuit sur son bateau, j'étais restée sur mes gardes. Mais, là, je n'en pouvais plus. Je ne sais pas combien de temps j'ai dormi. Quand je me suis réveillée, il était assis près de moi. « Ça va, tu as récupéré ? », a-t-il demandé. J'ai dit oui et…

Nouvelle interruption. Clara jeta un bref regard à David et François avant de détourner à nouveau les yeux vers le ciel.

— Il a rabattu la literie et m'a dénudée. Il a dit que, si je me laissais faire, il ne me ferait aucun mal. Mais que si je protestais, il me giflerait comme sur le parking du pub. J'ai pris peur… Il a promené sa main un peu partout sur mon corps, surtout sur ma poitrine. Et puis il a dit : « Tu masses très bien, Clara, je le sais. Alors, vas-y, fais-le ! » Et il a ouvert son pantalon. Il n'avait rien en dessous.

Sa lèvre inférieure se mit à trembler, ses yeux

devinrent humides. François et David crurent qu'elle allait demander de cesser son audition, mais elle parvint à se dominer et continua :

— Je ne voulais pas qu'il me fasse du mal, alors… alors, j'ai obéi. Quand il a été satisfait, il s'est allongé près de moi, m'a félicitée et a dit qu'on rejouerait.

— C'est ce qui s'est passé ?

— Oui, et à chaque fois c'était pareil à un ou deux détails près. Ce que je veux dire, c'est qu'il n'a jamais abusé de moi.

François et David échangèrent un regard entendu.

— Désires-tu faire une pause ?

— Non, maintenant que j'ai commencé, autant en terminer. Mais je veux bien un verre d'eau.

— Bien sûr.

François attrapa la carafe, versa de l'eau dans un verre qu'il lui donna.

Elle le vida.

— Donc, ces séances de jeux ont eu lieu plusieurs fois. Et chaque fois, il n'y avait que lui avec toi, jamais de tierce personne ?

— Non, jamais.

— Quand et pourquoi a-t-il eu l'idée de t'enfermer sous son salon ?

— Peut-être le surlendemain… Je suis incapable de répondre. Je ne voyais jamais la lumière naturelle, je ne savais pas si c'était le jour ou la nuit. Un jour, il m'a déclaré qu'il devait sortir. Il m'a fait descendre et a refermé la trappe. Quand il est revenu, il est descendu me voir. « Déshabille-toi, on va jouer un peu », a-t-il dit en défaisant sa ceinture. J'ai cru qu'il allait s'en servir pour me frapper, mais non, il s’est contenté de retirer son pantalon. Cette fois-là, contrairement aux autres, son pantalon n’avait pas de renflement. « Tu as vu ? Aujourd’hui on part de zéro ! A toi de faire ce qu’il faut ! »

Elle tendit à nouveau son verre.

— Merci.

— Delair s’est-il montré brutal envers toi ?

— Non, il ne m’a frappée qu’une fois, le soir où il m’a enlevée. Bien sûr, il lui est arrivé de me tenir le bras de façon un peu rude, mais sa brutalité s’arrêtait là.

— Tu as dit, tout à l’heure, qu’il t’avait donné la raison de son geste… Quelle était-elle ?

— Ce n’est pas une raison, mais deux. Et c’est cette fameuse fois où il a retiré sa ceinture qu’il s’est expliqué une première fois. « Tu es une excellente masseuse, Clara. Je le sais puisque tu as déjà posé tes mains sur mon dos. Ce jour-là, j’aurais aimé que tu les poses là où tu vas le faire maintenant, pour me masser, mais tu es allée te plaindre à ton directeur, Pascal Loiseau, qui m’a fait virer ! Pourquoi ? Qu’avais-je fait pour mériter cela ? Rien ! Rien, à part retirer mon maillot de bain ! Seulement, je ne sais pas ce qui t’a traversé l’esprit. Tu as eu peur ? De quoi ? J’étais nu et sans arme. Tu as cru que j’allais te sauter dessus ? Hein, c’est ça ? Mais je ne suis pas un méchant, moi, je n’ai jamais fait de mal à personne. Je ne demande qu’à plaire et qu’on m’admire, c’est tout. Je fais ce qu’il faut pour et je veux qu’on me trouve beau. Tu comprends ? » Qu’aurais-je pu ou dû lui répondre ? J’ai gardé le silence.

— Et la deuxième raison ? demanda François qui la subodorait déjà.

— Celle-là, il me l'a donnée plus tard. « Quand je t'ai vue entrer au Scottish Pub, j'ai tout de suite eu envie de tenter à nouveau ma chance auprès de toi. Mais, voilà, tu t'es arrêtée au bar où ce flic t'attendait. C'était un de tes curistes, n'est-ce pas ? Oui, probablement... Je vous ai observés. A la façon dont il te regardait, j'ai deviné qu'il allait t'emmener dehors. Et c'est ce qui s'est passé ! J'aurais dû parier, comme cette bande qui était au bar. Ils ont envoyé un des leurs en observateur et, quand le mec est revenu et qu'il a dit aux autres que ton flic était parti la queue entre les jambes, j'ai compris que je devais passer à l'action. C'était le moment ou jamais ! Une telle occasion ne se représenterait sans doute plus. Tu imagines ? Je pouvais t'avoir et venger mes deux frangins qui sont en taule à cause de lui. Alors, je me suis glissé discrètement à l'extérieur, par la porte de secours des toilettes. La suite, tu la connais. Et à l'heure qu'il est, il doit en faire une drôle de tête, ton flic, crois-moi ! Du courrier comme celui-là, il ne doit pas en recevoir tous les jours à sa PJ ! »

David lança un regard entendu à François, alors que Clara enchaînait :

— Le pire de ma séquestration, c'est quand je vous ai entendus sonder le plancher. Je vous ai appelés, appelés... mais j'avais beau crier, vous ne m'entendiez pas. Et vous êtes repartis.

A l'évocation de ce souvenir, les larmes perlèrent aux yeux de Clara sans qu'elle cherchât à les dissimuler. Mais elle continua son récit :

— Une autre fois, il est descendu avec quelques fruits, des gâteaux secs et de l'eau, et il est remonté et a refermé la trappe. Je me demandais ce que cela voulait dire quand j'ai entendu sa voix m'annoncer qu'il partait. Nous avons communiqué pendant quelques minutes au moyen de l'interphone, le temps qu'il fasse ses préparatifs. « Mais tu n'as pas compris, ma cocotte ! Je pars seul, toi tu restes là ! Le secteur devient un peu trop chaud à mon goût. Ton petit poulet corse, là, il est trop souvent dans le coin avec ses collègues. Comme je ne veux pas qu'il me coince comme il a eu mes frangins, je n'ai pas le choix. Tu comprends, n'est-ce pas ? Tu vois, ça m'embête un peu de devoir t'abandonner ici, mais, franchement, je ne peux pas faire autrement, ce serait trop délicat à gérer. Je sais ce que je t'ai dit, que je n'avais jamais fait de mal à personne et, reconnais-le, c'est la vérité : tu ne portes aucune trace de violence. Mais je vais être obligé de t'en faire. Quand tu seras tenaillée par la faim et la soif, que le silence deviendra une chape aussi lourde qu'une pierre tombale, que tu n'auras plus une larme à sortir de ton corps, plus un son de ta gorge… Et ce sera de sa faute ! Oui, de la sienne ! Non, ne crie pas comme une hystérique, j'ai horreur de ça. D'ailleurs, je vais couper l'interphone. Comme ça, tu ne sauras pas quand je partirai. Pour ce qui est de l'éclairage de ta chambre, je l'ai basculé sur un petit groupe électrogène. Malheureusement, il ne reste pas beaucoup de carburant, ce qui fait qu'il doit rester deux heures d'autonomie à tout casser, et puis ce sera le noir complet ! Alors, un conseil, avant qu'il ne s'éteigne, repère bien tout ce dont tu as besoin. Adieu Clara ! »

Elle avait à peine fini de rapporter les dernières

paroles d'Alexis Delair, qu'elle éclata en sanglots. François se précipita vers elle, la prit dans ses bras pour la réconforter.

David s'éclipsa sans bruit.

*

Durant le court trajet de l'hôpital à la rue Théodore Le Hars, un silence lourd régna.

Ce ne fut qu'en arrivant devant le parking qui leur était attribué, que le capitaine Paoli proposa à son ami de pousser jusqu'à La Chope.

— Salut les gars !

— Salut Marcel, lui répondirent-ils.

— A vous voir, vous avez besoin d'un fort. Whisky ?

— Oui, deux, répondit David.

— Je peux savoir ? osa Marcel

— On a un sale goût dans la bouche qu'on voudrait faire passer, répondit François.

Marcel n'insista pas et reporta son attention vers un trio qui venait d'entrer.

— Elle va avoir besoin d'aide, lâcha David, le regard plongé dans son verre.

— Oui.

Surpris par la réponse laconique de François, David leva les yeux vers lui.

— Quand je disais aide, je pensais affection…

— Oui, oui, j'avais bien saisi.

— Et ?

— Et quoi ?

François fit signe à Marcel de les resservir.

— Ça ira pour moi, merci, dit David. Et quoi ? répéta-t-il en revenant à l'échange interrompu. Eh bien, tu devrais en profiter pour…

— Je ne profiterai de rien, David. Clara est fatiguée par sa captivité. Si elle a besoin de quelque chose, c'est d'abord de se reposer. Surtout après ce que nous lui avons fait subir.

— Heu… je te rappelle que nous ne lui avons pas forcé la main, que tu lui as proposé deux ou trois fois d'arrêter et que c'est elle qui a voulu aller jusqu'au bout.

— J'en aurais fait autant à sa place. Et toi aussi, pas vrai ?

— Sans doute, oui. Et puis, zut, Marcel, remets-moi un autre !

Dès que son troisième whisky fut devant lui, David leva son verre et en but un long trait.

— OK, tu dis que tu ne vas pas profiter de la situation, mais tu vas quand même la revoir, non ?

— On verra…

— Mais enfin, François… je croyais que tu étais amoureux d'elle !

— Je le suis.

— Ah ! Je me demandais quand tu finirais par le dire clairement.

— Mais vu la façon dont je me suis comporté le fameux soir de son enlèvement… Elle ne l'a pas oublié, tu sais…

— Je m'en doute, mais c'est aussi toi, et toi seul, qui as su la trouver et appeler le SCOAT à la rescousse. Et, ça, à mon avis, elle n'est pas près de l'oublier…

— Je te le concède, David, mais je me refuse à bâtir une relation là-dessus. A cause d’un fantôme qui me hante toujours, je suis passé à côté d’une chance…

— Et alors ? le coupa David. Tu n’as qu’à retenter ta chance !

— Je ne sais pas si je pourrai, ce n’est pas si simple…

*

La rentrée des classes avait eu lieu, libérant le capitaine Paoli des soucis de garde de Pierre. Ce matin-là, après avoir été prévenu qu’Alexis Delair était enfin sorti de son état comateux, il monta à l’hôpital accompagné du lieutenant Verdier. Ils se présentèrent au bureau des infirmières.

— Nous voudrions voir le médecin qui s’occupe de monsieur Delair, s’il vous plaît.

— Bonjour Messieurs, je suis le docteur Tang, se présenta celui-ci.

— Capitaine Paoli, Lieutenant Verdier.

— Que puis-je pour vous ?

— C’est au sujet d’un de vos patients, monsieur Delair. Nous avons été prévenus qu’il s’était réveillé…

— Et vous voudriez l’interroger. C’est bien cela ?

— Oui. Comment va-t-il ?

— Il ne se souvient pas du tout de l’accident qui l’a conduit dans mon service.

— Pensez-vous qu’il soit en mesure de répondre à nos questions ? Et nous y autorisez-vous ?

— Je vous y autorise, mais n’attendez pas trop de lui.

— Bien, merci Docteur.

— Allons-y, Amos, entrons ! Bonjour Delair !

— Bonjour.

— Vous vous souvenez de moi ?

— Paoli…

— C'est ça, et lui, c'est le lieutenant Verdier. Nous sommes venus t'interroger.

— Vous ne perdez pas de temps !

Pour commencer, Paoli lui fit décliner son état civil. Puis il entra dans le vif du sujet :

— Tout d'abord, sache que nous avons trouvé et libéré Clara Morvan.

— Tant mieux ! Je n'ai jamais voulu lui faire de mal.

— Non ? Alors pourquoi l'as-tu abandonnée dans cette pièce souterraine ?

Alexis Delair fit des déclarations similaires à celles de Clara Morvan.

— Je voulais lui faire payer mon éviction des Cormorans, et je ne supportais pas l'idée qu'elle sorte avec le flic qui a mis mes frères à l'ombre. Ce soir-là, l'occasion a fait le larron.

— Je reviens à ma question du début. Pourquoi l'as-tu abandonnée avant de t'enfuir ?

— Je ne pouvais pas l'emmener, elle m'aurait encombré… Alors je me suis dit : si tu ne l'as pas, Paoli ne doit pas l'avoir non plus !

Delair avala un peu d'eau avant de conclure :

— J'ai mal joué, j'ai perdu.

IX

L'après-midi, alors que Paoli était seul et qu'il révisait son dossier en vue de sa future convocation au tribunal, le téléphone rompit le silence.

— PJ de Quimper, capitaine Paoli, j'écoute.

— Commandant Toquevieille du commissariat de Honfleur.

— Oui, Commandant, que puis-je pour vous ?

— Vous avez lancé un avis de recherche sur la personne de Pascal Loiseau, il y a quelques semaines de ça…

— Oui, c'est exact.

— Eh bien ce monsieur est actuellement chez nous, en cellule de dégrisement.

— Êtes-vous bien sûr de son identité ? Parce que, la dernière fois que nous avons eu de ses nouvelles, il se trouvait à Nice.

— Formel, il avait ses papiers sur lui. Il a été contrôlé positif à l'éthylotest au volant d'une voiture de location, hier soir.

— Lui avez-vous parlé ?

— Je viens de le faire, d'où mon appel.

— Je vous écoute, dit Paoli en lançant un enregistrement de la communication.

— En fait, je vous téléphone pour vous dire que Loiseau souhaite qu'on cesse les recherches le concernant.

— J'aurais aimé l'entendre de sa part.

— Attendez, je vous le passe.

— D'accord, je vous reprendrai après.

— OK.

Un temps de silence, puis Paoli entendit la voix du directeur des Cormorans.

— Allô ? Ici, Pascal Loiseau.

— Bonjour monsieur Loiseau, capitaine Paoli de la PJ de Quimper.

— Comme vient de vous le dire le commandant Toquevieille, je veux qu'on me laisse tranquille.

— C'est tout à fait votre droit, Monsieur. Mais si une procédure de recherche a été lancée à votre sujet, c'est parce que votre mère est venue nous trouver.

— Je m'en doutais ! Je me doutais que cela ne pouvait venir que d'elle ! Depuis la mort de mon père, elle est encore plus possessive qu'avant. Non seulement possessive, mais exigeante, voire tyrannique par moments. C'est de sa faute si j'ai disparu de la sorte. Elle m'étouffe !

— Est-ce pour cette raison que vous avez voulu faire croire à votre mort en badigeonnant du sang de poisson sur le bord de votre yacht ?

— Mon bateau était propre quand je l'ai quitté !

— Ah ! Alors, c'est peut-être le fait d'un ou de plusieurs oiseaux maladroits qui auront laissé tomber leur prise. Mais revenons en à votre fuite. Comment vous y êtes vous pris pour quitter les Glénan et regagner le continent ?

— J'ai tout préparé à l'avance… Quelques jours avant de partir en bateau pour les Glénan, j'ai acheté un aller-retour sur l'une des vedettes qui font la navette entre Bénodet et les îles. En attendant le jour J, j'ai changé d'apparence physique. J'ai quitté mon yacht sans qu'on me voie et j'ai gagné le port de Saint-Nicolas où j'ai embarqué comme n'importe quel touriste. C'est aussi simple que cela. Je savais que le temps qu'on s'aperçoive de ma disparition, je serais loin.

— Pourquoi cette mise en scène ? Vous auriez pu partir tranquillement de chez vous…

— Oui… je sais… Mais j'ai eu envie de passer un peu de temps aux Glénan. Et puis cela me permettait de brouiller les pistes pour prendre le large, si j'ose dire.

— Autre chose… Le hasard a fait que mon fils trouve votre montre sur la dune d'une plage de Penmarc'h. Cela faisait-il aussi partie de votre mise en scène de disparition ?

— Pas du tout. Un jour de début d'été, alors que je m'apprêtais à quitter la plage de Men Meur, au Guilvinec, je me suis aperçu qu'on me l'avait dérobée. Vous pourrez vérifier auprès de la gendarmerie où j'ai fait une déclaration de vol.

— J'y compte bien. Puis-je vous demander ce que vous faites à Honfleur ?

— Je rentrais en Bretagne, j'avais entendu parler de la disparition de Clara Morvan au journal télévisés.

— Vraiment ? Pourtant Honfleur n'est pas ce qu'on peut appeler un passage obligé pour la Bretagne.

— Non, mais j'arrivais du Nord, via Le Havre quand j'ai appris qu'elle avait été libérée. Du coup, j'ai fait étape à Honfleur.

— Admettons, fit Paoli qui trouvait l'itinéraire de Loiseau pour le moins curieux. Et vous êtes entré dans un bar pour fêter ça ?

— Pas exactement. En dînant hier soir, j'ai sympathisé avec un couple d'Anglais et nous avons bu quelques verres ensemble.

— Repassez-moi le commandant Toquevieille maintenant, je vous prie.

— D'accord, mais avant promettez-moi de ne rien dire à ma mère. Je préfère choisir le moment de réapparaître.

— Comme vous voudrez.

Le combiné fut repris par Toquevieille.

— J'ai une ou deux choses à vous dire, Commandant.

— Un instant, je vous prie.

Paoli entendit Toquevieille ordonner d'emmener Loiseau et dire qu'il le reverrait un peu plus tard.

— Voilà, je vous écoute.

— Merci. Vous avez eu l'homme sous les yeux pendant notre échange, qu'en pensez-vous ?

— Ses réponses sur son retour sont assez bizarres…

— D'autant plus bizarres que j'ai moi-même effectué un déplacement en Normandie récemment pour arrêter le kidnappeur de la jeune fille dont vous avez entendu le nom, Clara Morvan.

— Et vous pensez qu'il existe un lien entre ces deux hommes ?

— Il en existe un, Commandant. Et c'est justement Clara Morvan.

— Et vous voudriez que je creuse un peu la question, c'est ça ?

— Si ce n'est pas trop vous demander, oui.

— Accordez-moi quarante-huit heures et je vous rappellerai.

*

Deux jours plus tard, comme convenu, le commandant Toquevieille rappela le capitaine Paoli.

— Bonjour, Capitaine. Comment allez-vous ?

— Ça va, et vous ?

— Bien, merci. Après un bref interrogatoire de Loiseau, j'ai fait faire quelques vérifications. Il a effectivement passé quatre jours entre Lille et Dunkerque avant de redescendre vers la Bretagne, via la Normandie. C'est à Dunkerque, dans le bar de son hôtel, qu'il a appris la libération de mademoiselle Morvan. Le barman s'en souvenait très bien. Quand on lui a présenté la photo de Loiseau pour l'identification, il s'est rappelé que ce dernier s'est montré soulagé de l'heureux dénouement de l'affaire en précisant qu'il s'agissait d'une de ses employées. Vous ne m'aviez pas dit cela…

— Qu'est-ce que ça aurait changé ?

— Rien. Mais, dites-moi, Paoli, à quoi vous attendiez-vous au juste ?

— Je ne sais pas. C'est sans doute le fait que Delair et Loiseau se soient trouvés en Normandie à quelques jours d'intervalle qui m'a troublé. Mais je me rends compte, maintenant, que mon idée était absurde.

Paoli fit une courte pause, puis demanda :

— Vous avez relâché, Loiseau, bien sûr… Savez-vous où il comptait se rendre ?

— Nulle part. Il a pris une chambre d'hôtel ici, à Honfleur. Voulez-vous ses coordonnées ?

— On ne sait jamais, ça peut servir. Je vous écoute.

Le rapport que venait de lui faire Toquevieille complétait et confirmait les dires de Loiseau ; il pouvait boucler le dossier.

Il remit le nez dans les rapports qui lui serviraient lors de son passage au tribunal. Mais le visage inquiet de Gilberte Loiseau venait de lui revenir et s'imposait maintenant, l'empêchant de se concentrer.

Elle avait téléphoné la veille, demandant une fois de plus si les recherches avançaient. Lorsque le lieutenant Verdier avait répondu, Paoli lui avait fait signe de transférer l'appel sur son poste.

— Toujours rien, Madame. Mais étant donné l'âge de votre fils et le fait que sa disparition a été qualifiée de volontaire et non d'inquiétante, l'action des services de police est limitée.

— Qu'entendez-vous par là ? Que vous ne le cherchez plus, que vous avez arrêté vos investigations ? C'est ça, hein ! Ou alors, c'est que mon Pascal est mort… et vous ne voulez pas me le dire… C'est ça que vous me cachez ?

— Calmez-vous, Madame, et rassurez-vous. S'il était arrivé quelque chose à votre fils, nous en aurions été informés, son portrait a été diffusé dans toute la France.

— La France, peut-être… Mais les pays étrangers… vous y avez pensé aux pays étrangers ?

— Depuis le début, nous avons alerté la police de l'air et des frontières. Je vous l'ai déjà dit et répété, madame Loiseau.

Comme un enfant que l'on aurait sermonné, elle oublia son agressivité et geignit :

— Oui… peut-être… je ne sais plus… Mais mettez-vous à ma place… Il est mon seul enfant…

— Je sais, Madame.

Mais Paoli ne lui avait pas donné de nouvelles de son fils : promesse oblige !

*

Le jour où Pascal Loiseau revint à Quimper, il se présenta à l'antenne de police judiciaire où on l'informa que Paoli était absent.

— Puis-je l'attendre ?

— C'est que nous ne savons pas à quelle heure le capitaine va revenir, lui répondit Tanguy Botrel.

— Dites-lui alors merci de ma part. Et dites-lui aussi de me contacter, ajouta-t-il en sortant une carte de visite qu'il donna à Amaury.

Une heure après la visite de Loiseau, Paoli revint du tribunal.

— Tu as l'air crevé, remarqua Verdier.

— Pas que l'air, lâcha l'intéressé dans un souffle en se laissant choir dans son fauteuil. Tiens, une carte de visite de Pascal Loiseau…

— Oui, il est passé pour te remercier. Il a demandé que tu l'appelles.

— Pourquoi ?

— Il ne l'a pas dit.

— Alors, ça peut attendre.

— Comment ça s'est passé au tribunal ?

— Le juge avait du retard… ensuite, l'audience a été suspendue parce qu'un témoin s'est senti mal…

— Et le verdict ?

— Tu le liras dans le journal. Je ne suis pas resté l'attendre, j'ai la migraine depuis une demi-heure. Qui est de permanence, ce soir ?

— Moi, répondit Tanguy Botrel.

Paoli apposa sa signature sur quelques documents, puis se leva.

— Salut, les gars, à demain !

— Salut François !

X

La fraîcheur du petit matin sortit François de son sommeil. Il se redressa lentement sur son oreiller. La migraine s'était éloignée, mais sa tête était encore lourde.

Il était six heures à sa montre. Il s'assit sur le bord du lit, se passa les mains sur le visage avant de se déplier lentement et de gagner la salle de bains après un détour par la cuisine pour faire son café.

A six heures trente, un bol de café en main, il ramassa son téléphone portable resté sur la table du salon. Il le ranima, vit qu'il avait un message. Il rappela la boîte vocale :

— Hier, à 21 heures 05 : « Bonsoir François… C'est Clara… J'avais envie d'entendre ta voix… de te parler… et… et aussi… je… j'aimerais bien te revoir… Enfin… si tu acceptes… Voilà. Au revoir ! »

Le message à peine fini, il le réécouta. Puis l'écouta une troisième fois. Son visage s'éclaira, ses yeux s'allumèrent.

— Elle a appelé ! C'était Clara, dit-il à Copain qui, planté devant lui, attendait sa ration de croquettes.

Deux heures plus tard, il déposait Pierre à l'école et se rendait à la PJ. Amaury Verdier et Tanguy Botrel étaient déjà là. Tous se mirent au travail.

En fin de matinée, le capitaine Paoli abandonna ses hommes, dégringola l’escalier et partit au volant de son Audi. Il avait pesé les deux solutions, téléphoner à Clara ou lui faire la surprise de sa visite. Il avait opté pour cette dernière.

Mais la surprise, c’était lui qui allait l’avoir. En arrivant devant chez Clara, il vit une Mercedes rangée près de la petite Toyota. Sans la situer précisément, la voiture allemande ne lui était pas inconnue. Il prit son téléphone, contacta le fichier des cartes grises. Quelques instants plus tard, il était fixé. La Mercedes qu’il avait sous les yeux, était celle de Pascal Loiseau.

Ce fut alors que le témoignage d’une employée des Cormorans lui revint en mémoire. Puis, poussant sa réflexion et son raisonnement, il se rappela que Loiseau avait reparu au moment de la libération de Clara. « Ils sont toujours amants », en déduisit-il. Un dernier regard à la maison de Clara et il ralluma le moteur de l’Audi, amer, contrarié, déçu. Puis il se ravisa. Sa décision était prise. Clara avait demandé à le voir ? Eh bien, elle le verrait !

Il sortit de l’Audi, suivit l’allée qui conduisait à la porte et sonna. Son cœur martelait sa poitrine comme celle d’un collégien à son premier rendez-vous.

— Oui, j’arrive ! entendit-il. Oui, qu’est-ce que c’est ? demanda-t-elle en ouvrant la porte.

Et, là, pendant quelques secondes, le temps s’arrêta, figeant Clara et François de part et d’autre du seuil. Ils se regardèrent, les yeux dans les yeux.

— Eh bien… entre, dit-elle, se ressaisissant la première.

— Merci.

— Mon directeur, monsieur Loiseau, le présenta Clara.

— Je sais.

— Vous me connaissez ? Pourtant je ne crois pas vous avoir déjà rencontré, Monsieur…

— Non, en effet, mais comme je dirigeais l’enquête sur votre disparition, j’ai eu votre portrait sous les yeux. De plus, nous nous sommes parlé au téléphone. Je suis le capitaine Paoli.

— Ah ! Content de vous rencontrer, dit Loiseau en lui tendant la main.

— Ainsi, vous voici de retour…

— Oui, depuis hier soir. J’étais venu prendre des nouvelles de Clara, j’allais partir.

Cela dit, il récupéra un trousseau de clefs sur la table basse.

— Avant de m’en aller, je voudrais vous remercier d’avoir tenu votre parole. J’ai contacté ma mère ce matin, nous devons nous voir cet après-midi.

— Pour une remise à l’heure des pendules ?

— En quelque sorte, oui. Au plaisir, Capitaine. A bientôt, Clara !

Il se pencha sur elle, l’embrassa sur la joue, traversa la pièce et sortit.

S’ensuivit un silence pendant lequel François et Clara restèrent face à face, les regards braqués sur la porte.

— Ça faisait longtemps qu’il était là ?

— Un peu plus d’une heure…

— Que te voulait-il ?

— Comme il l’a dit, il est venu voir comment j’allais.

Ces questions suspicieuses… Ces réponses prudentes… Curieuse atmosphère de retrouvailles. Et puis, leurs regards se détachèrent du panneau en bois, s’en éloignèrent en suivant une même ligne invisible pour revenir à leur point de départ et se relever.

Immobiles, François et Clara se regardèrent, interrogatifs.

— Tu… tu ne veux pas t’asseoir ?

— Si… fit-il en choisissant un fauteuil.

— Je crois me souvenir que tu bois du whisky. Je te sers un verre ? proposa-t-elle tandis qu’il s’asseyait.

— Je veux bien, merci.

— J’ai entendu ton message ce matin…

— Ah ! Seulement ce matin…

— Tu as dû appeler hier soir pendant que je dormais.

— Il n’était pas tard.

— Non, mais la migraine m’avait assommé. Tu voulais me parler ?

— Oui…

Elle but une gorgée.

— Je voulais d’abord te remercier de ce que tu as fait pour moi.

— Tu l’as déjà fait, lors d’une de mes visites à l’hôpital, répliqua-t-il un peu plus sèchement qu’il ne l’aurait voulu.

— Oui… bien sûr… mais… balbutia-t-elle, déstabilisée.

François posa son verre vide et se mit à arpenter nerveusement la pièce.

— Tu vas le revoir ? interrogea-t-il brusquement.

— Qui ?

— Ne fais pas l’innocente, veux-tu ? Pascal Loiseau !

— Hein ?

— Ne joue pas ce jeu-là avec moi, Clara ! Je sais qu’il y a eu quelque chose entre vous…

— Mais… c’est du passé !

— C’est ce que tu prétends !

— Je ne prétends rien, j’affirme ! Pascal est un coureur de jupons, on a dû te le dire, non ?

— Tu peux dire ce que tu veux, mais tu ne m’ôteras pas de l’idée qu’il est venu te voir avec une arrière-pensée.

— Co… Comment peux-tu dire ça ? Va-t-en ! Sors d’ici !

— Tu n’auras pas à me le dire deux fois ! rétorqua-t-il en prenant la porte.

*

Incapable de se concentrer sur quoi que ce soit, il quitta la PJ de bonne heure, passa prendre le chien à l’appartement, puis Pierre à l’école.

— Tu as encore la migraine ? s’inquiéta l’enfant en voyant l’air sombre de son père.

— Non, ça va.

— Ben, on dirait pas ! Alors, c’est ton travail ?

— Oui, répondit François qui voulait couper court à toute discussion.

En fait, il ne mentait pas vraiment car Clara n’avait-elle pas fait partie de son travail ?

Il prit la Transbigoudène.

— Où on va ?

— A Sainte-Marine.

— Chez David ? Ah, c’est pour ça que tu as emmené Copain, alors !

Tandis que Pierre et le chien étaient partis courir sur la plage, il s’ouvrit à David devant un verre de whisky.

— Même si votre relation est, somme toute, assez récente, elle est déjà forte, François. Forte de l’épreuve que vous venez de traverser, Clara et toi.

— Tu crois ?

— J’en suis sûr ! Tu crois que je n’ai pas remarqué la façon dont vous vous regardiez le jour où tu m’as emmené recueillir sa déposition à l’hosto ? Vous vous aimez, ça crève les yeux ! Et tu veux que je te dise quelque chose ? Tu as peur de t’engager dans une relation amoureuse parce que le fantôme d’Hélène te hante toujours. Mais il me semble que si quelqu’un peut t’aider à le chasser, c’est Clara.

— Tu parles ! Vu ce qui s’est passé chez elle ce midi…

— Pour ça, excuse-moi de te le dire, mais tu t’es comporté comme un con !

— Je ne sais pas ce qui m’a pris…

— Si ! Ça s’appelle de la jalousie ! Et le fait que tu en aies ressenti en trouvant Loiseau chez elle, prouve que Clara compte beaucoup pour toi.

François qui avait le verre aux lèvres, acquiesça d’un battement de paupières.

— Eh bien alors, tu vois ! C’est signe que le spectre d’Hélène a commencé à s’effacer.

— Hum !

— Mais bon sang, François ! Tu ne crois pas qu’il est temps que tu passes à autre chose ?

David avala une gorgée et poursuivit :

— La réponse est « si ! » et tu le sais. Alors, fais-moi le plaisir de téléphoner à Clara, là, devant moi, et passe la soirée avec elle. Appelle-la donc !

*

A la grande surprise de François, Clara avait accepté son invitation.

Ils sortirent du restaurant. Un petit vent de noroît qui s'était levé la fit frissonner.

— Tu as froid ? s'enquit François alors qu'ils marchaient.

— Un peu, ça s'est rafraîchi !

— C'est vrai qu'il faisait bon à l'intérieur…

Il changea de côté, vint se placer à sa gauche pour l'abriter du vent et lui entoura les épaules de son bras droit.

Leurs pas les avaient menés devant le Scottish Pub.

— On entre boire un verre ? suggéra François.

Ils avaient traversé la moitié du parking, quand François entraîna Clara au pignon du pub. Et comme quelques semaines auparavant, il l'embrassa et se pressa contre elle…

Mais cette fois-ci, il resta. Ses main se frayèrent un passage sous les vêtements et remontèrent le long du dos de Clara. Comme aucune pièce de lingerie ne leur faisait obstacle, elles se déplacèrent sur la peau soyeuse et tiède.

Il poussa un peu plus ses hanches en avant, dévoilant ainsi son désir, tandis que sa bouche se faisait plus avide et que Clara l'enlaçait.

Leur étreinte dura quelques minutes.

— Je ne veux plus que tu disparaisses de ma vie, Clara, dit-il à voix basse.

— Dois-je te rappeler que c'est toi qui as disparu le premier de la mienne ?

— Le moment est venu de t'en donner la raison.

Ils s'embrassèrent de nouveau, puis, prenant Clara par le cou, François l'entraîna à l'intérieur du Scottish Pub.

FIN

Quadri Signe - Editions Alain Bargain
125, Vieille Route de Rosporden - 29000 Quimper
E-mail : editions.alain.bargain@wanadoo.fr
Site Internet : perso.wanadoo.fr/editions.bargain

Dépôt légal n°20 - 3e trimestre 2006
ISBN 2-914532-83-0 — ISSN 1281-7813
N° d'impression : 609012
Imprimé en France